"一带一路"公路与桥梁海外建设工程项目系列丛书

# 骑行铁路线复杂环境桥梁施工与安全控制技术

李 超　刘中良　吕 金
何爱东　陈振山　编著

中国建筑工业出版社

图书在版编目（CIP）数据

骑行铁路线复杂环境桥梁施工与安全控制技术 / 李超等编著. — 北京：中国建筑工业出版社，2023.9
（"一带一路"公路与桥梁海外建设工程项目系列丛书）
ISBN 978-7-112-29013-0

Ⅰ.①骑… Ⅱ.①李… Ⅲ.①桥梁施工 Ⅳ.①U445

中国国家版本馆 CIP 数据核字（2023）第 144008 号

本书结合工程实际，涵盖了绪论、预制梁场地施工与风险分析、骑行铁路线桥梁架设与安装风险控制、骑行铁路线桥梁架设设备与施工方法、交通组织与主动安全控制策略、安全管理系统设计与构建等。

本书适用于从事相关工作的专业人员或者对此领域感兴趣的相关人员。

责任编辑：高　悦
责任校对：姜小莲

"一带一路"公路与桥梁海外建设工程项目系列丛书
## 骑行铁路线复杂环境桥梁施工与安全控制技术

李　超　刘中良　吕　金　编著
何爱东　陈振山

\*

中国建筑工业出版社出版、发行（北京海淀三里河路9号）
各地新华书店、建筑书店经销
北京鸿文瀚海文化传媒有限公司制版
建工社（河北）印刷有限公司印刷

\*

开本：787毫米×1092毫米　1/16　印张：8　字数：200千字
2023年12月第一版　　2023年12月第一次印刷
定价：32.00元
ISBN 978-7-112-29013-0
（41673）

版权所有　翻印必究
如有内容及印装质量问题，请联系本社读者服务中心退换
电话：（010）58337283　　QQ：2885381756
（地址：北京海淀三里河路9号中国建筑工业出版社604室　邮政编码：100037）

# 前　言

当前，交通基础设施的建设与新基建的发展给社会经济发展注入了长足的动力，与此同时，大型基础设施建设向城市、山区等拓展，桥梁施工常跨越峡谷、骑行运营铁路线等复杂条件，施工环境比较复杂，无法直接采取常规装备和方法架设桥梁进行施工作业，防控施工风险。为提升桥梁施工质量，保障施工安全以及缩短工期，需要门架等装备和管控方法的辅助，但是现有的门架和方法很难满足需求，比如在运营铁路的密集市区狭小空间内、建筑物距桥位太近的路段、小半径曲线路段等特殊复杂施工环境和路段，这些环境中，不仅要考虑施工的进度，更重要的是要考虑施工的安全性和协调性，施工的过程不能阻断现有铁路线的运行以及对行车与乘客安全的保障。

本书结合工程实际，涵盖了绪论、预制梁场地施工与风险分析、骑行铁路线桥梁架设与安装风险控制、骑行铁路线桥梁架设设备与施工方法、交通组织与主动安全控制策略、安全管理系统设计与构建等。第一、二章内容由李超撰写，第三章内容由刘中良撰写，第四章内容由吕金撰写，第五章内容由何爱东撰写，第六章内容由陈振山撰写。

本书的编辑和出版发行得到了中国建筑工业出版社的大力支持，在此致以衷心的谢意！

由于编写时间和作者水平有限，错误之处在所难免，欢迎读者批评指正。

# 目 录

前 言 ⋯⋯⋯⋯⋯⋯⋯⋯⋯⋯⋯⋯⋯⋯⋯⋯⋯⋯⋯⋯⋯⋯⋯⋯⋯⋯⋯⋯⋯⋯⋯⋯ Ⅲ

第一章　绪论 ⋯⋯⋯⋯⋯⋯⋯⋯⋯⋯⋯⋯⋯⋯⋯⋯⋯⋯⋯⋯⋯⋯⋯⋯⋯⋯ 1
 1.1　问题的提出 ⋯⋯⋯⋯⋯⋯⋯⋯⋯⋯⋯⋯⋯⋯⋯⋯⋯⋯⋯⋯⋯⋯ 1
 1.2　国内外研究概况 ⋯⋯⋯⋯⋯⋯⋯⋯⋯⋯⋯⋯⋯⋯⋯⋯⋯⋯⋯⋯ 3
 1.3　骑行铁路线复杂环境桥梁施工技术问题 ⋯⋯⋯⋯⋯⋯⋯⋯⋯⋯ 5
 1.4　本章小结 ⋯⋯⋯⋯⋯⋯⋯⋯⋯⋯⋯⋯⋯⋯⋯⋯⋯⋯⋯⋯⋯⋯⋯ 13

第二章　预制梁场地施工与风险分析 ⋯⋯⋯⋯⋯⋯⋯⋯⋯⋯⋯⋯⋯⋯⋯ 14
 2.1　预制梁场地选址 ⋯⋯⋯⋯⋯⋯⋯⋯⋯⋯⋯⋯⋯⋯⋯⋯⋯⋯⋯⋯ 14
 2.2　功能设置与分区 ⋯⋯⋯⋯⋯⋯⋯⋯⋯⋯⋯⋯⋯⋯⋯⋯⋯⋯⋯⋯ 17
 2.3　先张与后张共用预制台座设计 ⋯⋯⋯⋯⋯⋯⋯⋯⋯⋯⋯⋯⋯⋯ 20
 2.4　预制梁施工与运输安全风险控制 ⋯⋯⋯⋯⋯⋯⋯⋯⋯⋯⋯⋯⋯ 28
 2.5　本章小结 ⋯⋯⋯⋯⋯⋯⋯⋯⋯⋯⋯⋯⋯⋯⋯⋯⋯⋯⋯⋯⋯⋯⋯ 29

第三章　骑行铁路线桥梁架设与安装风险控制 ⋯⋯⋯⋯⋯⋯⋯⋯⋯⋯⋯ 30
 3.1　施工风险分析 ⋯⋯⋯⋯⋯⋯⋯⋯⋯⋯⋯⋯⋯⋯⋯⋯⋯⋯⋯⋯⋯ 30
 3.2　移动式门架设计 ⋯⋯⋯⋯⋯⋯⋯⋯⋯⋯⋯⋯⋯⋯⋯⋯⋯⋯⋯⋯ 31
 3.3　施工监控技术 ⋯⋯⋯⋯⋯⋯⋯⋯⋯⋯⋯⋯⋯⋯⋯⋯⋯⋯⋯⋯⋯ 36
 3.4　基于物联网与大数据智能监控的大型 T 梁运输安全控制 ⋯⋯⋯ 41
 3.5　本章小结 ⋯⋯⋯⋯⋯⋯⋯⋯⋯⋯⋯⋯⋯⋯⋯⋯⋯⋯⋯⋯⋯⋯⋯ 60

第四章　骑行铁路线桥梁架设设备与施工方法 ⋯⋯⋯⋯⋯⋯⋯⋯⋯⋯⋯ 61
 4.1　移动式门架基础施工 ⋯⋯⋯⋯⋯⋯⋯⋯⋯⋯⋯⋯⋯⋯⋯⋯⋯⋯ 61
 4.2　可调式移动式门架系统设计与施工方法 ⋯⋯⋯⋯⋯⋯⋯⋯⋯⋯ 63
 4.3　本章小结 ⋯⋯⋯⋯⋯⋯⋯⋯⋯⋯⋯⋯⋯⋯⋯⋯⋯⋯⋯⋯⋯⋯⋯ 81

第五章　交通组织与主动安全控制策略 ⋯⋯⋯⋯⋯⋯⋯⋯⋯⋯⋯⋯⋯⋯ 82
 5.1　交通条件 ⋯⋯⋯⋯⋯⋯⋯⋯⋯⋯⋯⋯⋯⋯⋯⋯⋯⋯⋯⋯⋯⋯⋯ 82
 5.2　大型 T 梁安装施工与铁路运营线路交通主动安全管控 ⋯⋯⋯⋯ 95
 5.3　研究应用 ⋯⋯⋯⋯⋯⋯⋯⋯⋯⋯⋯⋯⋯⋯⋯⋯⋯⋯⋯⋯⋯⋯⋯ 104
 5.4　本章小结 ⋯⋯⋯⋯⋯⋯⋯⋯⋯⋯⋯⋯⋯⋯⋯⋯⋯⋯⋯⋯⋯⋯⋯ 105

第六章　安全管理系统设计与构建 ⋯⋯⋯⋯⋯⋯⋯⋯⋯⋯⋯⋯⋯⋯⋯⋯ 106
 6.1　总体架构 ⋯⋯⋯⋯⋯⋯⋯⋯⋯⋯⋯⋯⋯⋯⋯⋯⋯⋯⋯⋯⋯⋯⋯ 106
 6.2　数据融合 ⋯⋯⋯⋯⋯⋯⋯⋯⋯⋯⋯⋯⋯⋯⋯⋯⋯⋯⋯⋯⋯⋯⋯ 108
 6.3　功能实现 ⋯⋯⋯⋯⋯⋯⋯⋯⋯⋯⋯⋯⋯⋯⋯⋯⋯⋯⋯⋯⋯⋯⋯ 110
 6.4　主动管控平台 ⋯⋯⋯⋯⋯⋯⋯⋯⋯⋯⋯⋯⋯⋯⋯⋯⋯⋯⋯⋯⋯ 117
 6.5　软件实现 ⋯⋯⋯⋯⋯⋯⋯⋯⋯⋯⋯⋯⋯⋯⋯⋯⋯⋯⋯⋯⋯⋯⋯ 118
 6.6　本章小结 ⋯⋯⋯⋯⋯⋯⋯⋯⋯⋯⋯⋯⋯⋯⋯⋯⋯⋯⋯⋯⋯⋯⋯ 122

参考文献 ⋯⋯⋯⋯⋯⋯⋯⋯⋯⋯⋯⋯⋯⋯⋯⋯⋯⋯⋯⋯⋯⋯⋯⋯⋯⋯⋯ 123

# 第一章 绪 论

## 1.1 问题的提出

### 1.1.1 工程背景

近年来,随着骑行铁路的不断发展与推进,骑行铁路在复杂环境下桥梁施工问题日益突出,不可避免地涉及桥梁在各种自然和交通环境条件下的建设和运营。桥梁施工环境条件复杂,施工组织难以实施,安全风险高。在项目实施前结合现状进行定性和定量风险评估,可以有效提高安全风险意识,及时识别潜在风险,优化项目施工方案,完善风险控制措施,规范预案预警预控管理,有效降低施工风险,严防重大事故发生,实现工程施工安全。

跨铁路营业线的桥梁施工项目与普通桥梁施工项目相比,除了桥梁施工自身存在的施工安全风险,同时还存在对铁路营业线设备稳定或行车安全造成影响的铁路行车安全风险。一旦发生事故,轻则造成铁路行车设备损坏,重则造成铁路行车中断甚至造成铁路行车重大事故和人员伤亡。同时,跨铁路营业线的桥梁施工项目在施工过程中,需严格按照铁路营业线施工的相关规定进行施工管理。2014年国家铁路局首次发布了《2014年铁路安全情况公告》。公告中,将水害防洪方面、铁路沿线环境方面、营业线施工方面和主要行车设备方面作为全年铁路安全存在的问题,其中营业线施工方面提到"施工单位尤其是路外企业单位邻近营业线无计划擅自施工、施工人员和机具侵入限界、现场作业控制措施落实不到位等问题,干扰了行车安全。"在《2015年铁路安全情况公告》和《2016年铁路安全情况公告》中,同样提及无计划擅自施工、超范围施工、施工人员和机具侵入限界等与营业线施工方面密切相关的安全问题。类似安全问题,一旦发生事故,将有可能发生重大的伤亡或经济损失。以我国铁路为例,近些年来,铁路营业线施工事件偶有发生,但其危害十分严重:例如2008年1月23日发生胶济铁路列车撞人事故,造成18人死亡,9人受伤,构成铁路交通重大事故。

### 1.1.2 工程环境

本项目施工期间可能发生普通桥梁施工期间可能发生的安全事件,如高处坠落、机械伤害、物体碰撞、中毒、触电等安全事件。与普通桥梁施工的安全风险不同,项目铁路内部和附近的施工作业将影响铁路线路设备、供电设备、通信和信号设备以及铁路车辆设备

(EMU)，导致铁路设备故障，干扰轨道交通正常运输秩序，影响轨道交通安全，造成轨道交通安全事故。同时，本项目铁路线附近的施工作业将受到铁路运营的影响，可能发生人员接触网触电或列车相撞等事故。因此，项目建设过程中的安全风险具有一定的特殊性。图 1.1-1 为拟建高架桥骑行现有铁路线。

图 1.1-1 拟建高架桥骑行现有铁路线

铁路线路安全防护施工主要包括两个关键部位：一是必须管理线路封锁和限速运行的施工段，即在铁路线路上，许多需要直接施工、交通中断或解除列车限速的区域；二是涉及铁路线，影响正常行车的构造路段。也就是说，它是在铁路线路安全的保护下开放的对于正在开发的铁路建设项目，如果铁路安全保护区边界与铁路线之间的安全间隔较低，当距离为 30m 时，施工作业中必须将安全距离确定为 30m，对于需要进行地下喷砂控制的工程点，距离必须控制在 50m。在这些激烈的活动范围内，如果信号机进入施工区域 3m 以内，将对铁路业务线路的建设产生不利影响。

在大跨度连续梁上跨铁路营业线施工过程中，主要存在这样几点安全质量隐患：

第一，由于运载平台和长距离连续梁墩身靠近铁路线路，因此在施工过程中可能会出现高空坠物，对铁路线路的行车安全构成威胁。第二，在连续梁悬臂施工过程中，如果物体落在营业线附近，将导致道路事故。第三，在连续梁的合龙后桥面护栏和遮板施工中很容易发生安全事故。第四，跨越铁路线路施工中大型机械作业存在重大安全隐患。第五，在铁路营业线的转体后合龙段进行跨线施工，很容易产生各种安全隐患。

本项目的主要施工作业内容均在铁路范围内或邻近铁路线路。为了为新桥上部结构的施工提供工作计划，并且由于新桥的梁底靠近铁路链，为了确保施工过程中的人身安全和铁路供应设备的安全，新建桥梁施工前，应安装铁路横断面防护棚。临时钢桥和项目防护棚横跨铁路。与桥梁新位置铁路线之间的桩基础施工类似，铁路范围内的基础施工必须通过人工开挖进行。同时，临时钢桥和项目防护棚为临时结构。桥梁主体结构施工完成后，必须拆除临时结构。立柱和桥梁上部结构的安装和拆除涉及大量吊装施工作业。总体而言，项目铁路线内及附近的铁路建设工作量较大。

铁路范围内施工作业较多，施工时间主要集中在夜间的"天窗"时间点，这使得项目的安全压力较大。一方面，天窗处的施工与白天的施工作业不同，发生坠落事故、触电事故等安全事故的概率将大大增加；另一方面，在桥梁施工过程中，本项目涉及汽车起重机、桥梁安装机械等大型机械的操作。如果发生大型机械倾覆或高空坠物等安全事故，可能导致人员损失或铁路供电设备损坏，导致铁路运营延误，影响铁路运营安全。同时，在施工过程中，施工人员可能会违反相关安全管理规定，接触活跃的铁路链，或被高速铁路列车撞到，可能会造成人员伤亡。跨轨防电防护棚是跨铁路营业线桥梁建设项目中常用的临时结构。它在保护人身安全、防止或减少铁路线路物体坠落、影响链条安全和列车安全等方面发挥着重要作用。由于既有桥梁与铁路基础网的距离较短，无法满足跨线防护棚的施工要求，因此不会修建跨铁路防护棚。在施工过程中，铁路线与既有桥梁之间没有相应的防护结构，人员从高处坠落的风险大大增加。一方面易使梁体失稳，落入铁路线路，断开铁路链条；另一方面，由于涉及大量的吊装作业，在吊装过程中一旦梁落下或机械倾覆，导致梁或机械在铁路线上坠落，将直接影响铁路链条的安全。在工程施工过程中，桥桩基础、铁路临时钢桥、铁路防护棚的施工均涉及基础施工。由于施工场地有限，铁路框架内基础施工采用人工开挖既有铁路底土。这就有可能造成挖孔桩在施工过程中人为坍塌或中毒等事故，甚至损坏铁路电力设备、铁路线路安全和铁路光通信电缆。

近年来，铁路对行车安全的要求越来越高，跨铁路营业线桥梁施工项目的施工与铁路行车相互干扰的现象越来越严重，施工安全压力也进一步加大。在项目施工期间，将影响铁路供电、铁路运营设备、公共工程、通信、信号等专业，也可能损坏铁路运营设备。在通过铁路营业线建设桥梁建设项目的过程中，涉及多个单位和部门，不仅包括施工单位和参建单位，还包括铁路安全监督部门和铁路设备管理部门，如车辆段、工务段、电力存储。一方面，由于本项目的施工管理必须严格按照广铁集团的相关规定进行管理，施工前必须与铁路设备管理部门充分沟通；另一方面，由于铁路设备管理部门所涉及的专业不同，利益相关者不同，各部门之间的安全管理工作量大，沟通协调难度大。在跨铁路桥梁建设项目的土建施工过程中，除了一般桥梁施工的安全风险外，还涉及铁路通信、信号、供电、接触网、牵引变电所、供电等铁路技术设备的影响甚至损坏。施工过程面临着施工与营业线、时间等复杂施工环境的交叉影响，且铁路内施工时间短，铁路附近施工对铁路运输的正常秩序有很大影响，这意味着在铁路线上修建桥梁的项目解决了许多安全定位的风险因素。例如，地下电缆的勘探和挖掘不准确，铁路底土沉降，施工人员和机具入侵，高空坠物和施工电击等。

由于本项目铁路既有准高速列车，也有普通高速列车，为了在施工过程中考虑轨道交通安全和人身安全，必须按照相关规定使用夜间"天窗"在铁路环境中进行施工。天窗施工时间一般为凌晨 0：00～3：30，共计 210min。与普通桥梁施工相比，铁路下工程的施工内容无法利用白天的正常工作时间。天窗施工期间，必须进行相应的安全和线路开口检查。施工作业的实际可用时间约为 180min，这大大增加了项目组织施工的难度。

## 1.2 国内外研究概况

### 1.2.1 国外研究现状

20 世纪五六十年代，一些发达国家开始在工程建设项目中开展切实可行的风险管理工作。桥梁工程是一种大型的建筑结构，在设计、施工和运营的各个阶段都存在着巨大的风险。随着安全意识的提高，国外学者也在努力控制桥梁工程的风险定量研究。2001年，杰拉德·詹姆斯（Gerard James）、雷德·卡鲁尼（Raid Karouni）等人分析了铁路桥梁的施工情况，建立铁路桥梁在交通荷载作用下的可靠性评估和模型。2003年，以纽瓦克的一座铁路桥为例，Monnickendam、Alan等人对铁路桥梁设计和施工中的风险因素和风险管理进行了全面的研究。同年，Sexsmith还考虑了桥梁施工期间脚手架安装和使用的意外荷载，如风荷载、雪荷载和地震作用，并确定了桥梁施工临时结构作为脚手架的安全系数。研究表明，循环荷载对结构安全性能的影响不仅应考虑施工过程中安全系数的使用，还应重新利用安全储备。2004年，Teresa对在建桥梁的风险管理进行了系统研究，讨论了该项目所解决的技术、环境和社会风险因素的预防措施。2007年，塔里克·扎耶德（Tarek Zayed）和其他学者提出了一个在线保险指数 $R$，用于对地基未知的桥梁进行风险评估和分类。2008年，A. Johnson 探索了铁路建设项目的管理框架。2008年，W. A. Zamr 和其他学者建立了桥梁风险评估模型。2009年，reyaaldom 和其他学者使用可靠性理论来评估现代桥梁结构的风险。2010年，Khan RA 等学者通过概率风险分析方法确定了桥梁结构在地震作用下的失效概率。2011年，一些学者借助 6 Sigma 方法评估了铁路梁施工的风险。2013年，Duygu Saydam 等学者提出了桥梁工程生命周期风险的量化方法，并建立了风险因素条件评估体系。2013年，Caitlyn Davis MC Danicl 和其他学者提出了一种通过故障树建模分析桥梁安全风险的方法。2013年，Frangopol 和 Zhu 研究了复杂交通条件和地震影响下的桥梁风险评估方法。2014年，Jean-Louis Bfiaud 和其他科学家提议为桥梁基础创建可靠的设计流程，以防止冲刷损坏。

综上所述，国外学者对桥梁施工中的安全风险管理进行了深入研究。

### 1.2.2　国内研究现状

随着安全风险管理理论在项目管理中的不断引入，国内许多研究者对桥梁建设项目的安全风险管理进行了相关研究。娄峰于2010年首次建造中国路桥建设安全风险评估指数。然而，直到2010年前中国没有桥梁施工安全风险评估研究的具体标准或指南。交通运输部于2010年发布了《高速公路桥梁和隧道设计安全风险评估指南》，以指导高速公路桥梁和隧道设计初期的安全风险评估。

对于跨铁路建设项目，不仅在普通桥梁施工过程中存在安全风险，而且由于铁路线路的特殊性，在铁路线路施工中也存在安全风险。随着安全风险管理在铁路系统的全面实施，国内学者对铁路营业线桥梁的安全风险管理越来越重视。同时，跨铁路桥梁施工的运营不仅涉及所有项目参与方的安全风险管理，还涉及铁路装备部管理层的安全风险管理。在2012年的文章中，国内学者张斌从铁路局工程管理办公室的角度总结了跨铁路营业线的桥梁建设组织、审批和协调施工组织的设计和施工方案，组织实施跨桥施工和架梁，以及施工防护安全管理要点。

### 1.2.3　研究中存在的不足

经过对国内外研究资料的查阅和分析，目前在研究中存在如下不足：

（1）目前，对于桥梁施工安全风险管理的理论研究已经比较成熟；铁路运输安全管理中增加了全球实施铁路安全风险管理和铁路线路施工安全研究风险的管理理论和方法，但铁路营业线涉及多个学科和部门,所以真正进行了系统的研究较少;对于铁路营业线桥梁染色施工项目的安全管理研究,更倾向于施工技术。从风险管理的角度来看,现场施工过程的安全管理缺乏系统性和理论性。

(2)现阶段,对跨铁路营业线建设项目安全风险评估的研究还不够深入。在通过铁路营业线的高速公路桥梁安全风险评估中,没有结合通过铁路营业线的桥梁特点建立相应的评级指标体系,但主要采用《高速公路桥梁和隧道设计的安全风险评估指南》中现有的一般指标体系无法系统、全面地评估桥梁施工的一般安全风险和铁路安全风险。

## 1.3 骑行铁路线复杂环境桥梁施工技术问题

### 1.3.1 桥梁结构形式

铁路营业线上的桥梁主要涉及铁路、公路、市政道路、城市轨道交通项目等。相关专业设计规范包含铁路营业线桥梁的相关规定,主要涉及跨越方式(上跨、下跨等)以及桥梁的形式。结合新桥与铁路营业线的关系,主要包括平面比、高比(包括横截面和纵断面比)等,主要体现在新桥中心线与既有铁路营业线中心线之间的横向关系,以及跨越的铁路线股道数量,从而确定新桥跨度的布置。在立面关系上,主要体现在新桥与铁路营业线的下部结构与上部结构之间的空间关系上,必须满足铁路营业线的通关要求,如交通通关、与铁路电气化链回线的安全距离等。常见的上跨铁路营业线桥梁结构形式及施工方法见表1.3-1。

常见的上跨铁路营业线桥梁结构形式及施工方法　　　　表 1.3-1

| 序号 | 梁体形式(梁结构) | | 施工方法 |
| --- | --- | --- | --- |
| 1 | 预制梁 | T形梁、箱梁 | 梁体场外预制,架桥机、起重机等架梁,跨线架梁需"要点"施工 |
| | | 钢混组合梁 | 钢梁场外加工,起重机吊装;跨线吊装梁体时需"要点"施工 |
| 2 | 现浇梁 | 单跨 | 梁体采用支架法、移动模架法等施工,跨线支架搭设及拆除、移动模架过孔等需"要点"施工 |
| | | 多跨 | 采用支架法、挂篮悬浇法等施工,跨线支架搭设及拆除、挂篮跨线等施工时需"要点"施工 |
| 3 | 转体桥 | 刚构、连续梁 | 梁体采用支架法、移动模架法等施工,跨线支架搭设及拆除、移动模架过孔等需"要点"施工 |
| 4 | 顶推桥 | 等截面、变截面箱梁 | 梁体采用支架法现浇或现场组拼,梁体前后端需要导梁,并在合适位置设置临时支墩;跨铁路顶推施工时需"要点"施工 |
| | | 钢桁梁等 | 钢桁梁采用支架法组拼,前后端需要导梁,顶进前段需设置临时支墩;跨铁路顶推施工时需"要点"施工 |
| 5 | 门式墩+梁(预制梁、顶推梁) | | 采用门式墩跨铁路营业线;采用支架法或者吊装法施工门式墩,墩顶梁体;采用架桥机架设或者顶推法等施工,跨铁路施工时需"要点"施工 |
| 6 | 钢桁梁(支架法拼装) | | 钢桁梁组件场外加工,采用支架法现场组拼,跨铁路施工时需"要点"施工 |
| 7 | 其他方法 | | 槽形梁、系杆拱等,参考上述方法组合施工,跨铁路施工时需"要点"施工 |

### 1.3.2 预制梁架设

预制梁跨越铁路营业线时，一般采用架桥机或起重机。在考虑铁路营业线安全的基础上，铁路管理部门在条件允许的前提下，一般优先考虑桥梁和架梁的施工方式。当桥梁框架梁的架设条件不可用时，可考虑吊车梁的架设方法。当使用起重机安装梁时，必须结合待安装主体的位置、重量、高度、铁路线路设备和现场环境条件选择设备。必须确保起重机站的承载能力、足够的起重安全系数和设备的良好状态。吊车梁架设包括单机吊梁架设、双机吊梁架设、三机协同吊梁架设等。当采用桥架安装框架梁时，设备的选择应结合待安装梁体的尺寸和重量，以确保设备的安全系数和良好状态。架桥机种类繁多，包括公路架桥机、公路和铁路架桥机等。铁路跨越线梁的架设必须在铁路部门规定的时间"重点"内做好保护工作，并严格按照批准的施工方案组织施工。

主吊车梁施工工作：桥梁梁体下部结构施工；铁路营业线的设施、设备应当采取转移或者保护措施；起重机类型的选择和起重机站的基础处理；审批横向架设、染色施工方案和施工要点，与各项目管理单位签订安全协议；设备进场后，必须检查符合要求，各种证件齐全，状态良好，现场组装完成后进行试吊，达到要求；人员的交底和培训，包括梁施工和业务线；起重机起吊前，应进行起重机臂的空载试验，以验证和确认起重机臂的延伸长度（$L$）、仰角、吊钩位置范围、提升方向、振幅变化等。在满足整机稳定性要求和架梁作业要求后，等待铁路部门规定的时间进行架梁施工。

1）起重参数计算

主要有起重量、起重高度、起重半径、起重机臂杆长度计算等内容。

（1）起重量的计算：

① 单机吊装起重量：

$$Q \geqslant Q_1 + Q_2 \tag{1.3-1}$$

② 双机抬吊起重量：

$$(Q_主 + Q_m)K \geqslant Q + Q_2 \tag{1.3-2}$$

式中：$Q$——起重机起重量（t）；

$Q_1$——吊装构件重量（t）；

$Q_2$——代表索具、构件的加固及临时脚手架等的重量（t）；

$K$——起重机的降低系数，一般取 0.8。

（2）起重高度计算：

$$H \geqslant h_1 + h_2 + h_3 + h_4 \tag{1.3-3}$$

式中：$H$——吊机的起重高度（m）；

$h_1$——桥梁墩顶支座的标高（m）；

$h_2$——梁底至支座顶的安装间隙（m），一般取 0.2~0.5m；

$h_3$——绑扎点至构件吊起后底面的距离（m）；

$h_4$——自绑扎点至吊钩面的距离（m）。

起重高度计算示意图见图 1.3-1。

（3）起重半径计算：

$$R = F + L\cos\alpha \tag{1.3-4}$$

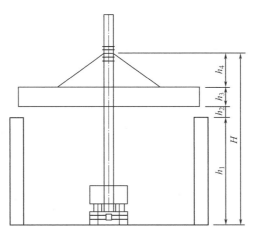

图 1.3-1 起重高度计算示意图

式中：$R$——起重半径（m）；
$F$——起重机回转中心至起重臂杆铰接点的水平距离（m）；
$L$——所选起重机的臂杆长度（m）；
$\alpha$——起重臂的仰角（°）。

(4) 起重机臂杆长度计算：

$$L \geqslant H + h_a - h_b / \sin\alpha \tag{1.3-5}$$

式中：$L$——起重机的臂杆长度（m）；
$H$——起升高度，从停机面算至吊钩底部高度（m）；
$h_a$——起重臂头至起升高度的距离（m）；
$h_b$——起重臂底铰至停机面的高度（m）；
$\alpha$——起重臂的仰角（°）。

按照以上公式计算出 $L$ 和 $R$ 值，结合拟选起重机性能表复核起重量 $Q$ 及起重高度 $H$，如果能满足待架梁体的吊装要求，即可根据 $R$ 值确定起重机的站位。

综上所述，当使用起重机进行梁安装时，起重机位置、起重机吊臂伸出长度（$L$）、吊臂仰角（$\alpha$）、起吊半径（$R$），施工方案中应明确吊点位置和待安装梁的停放位置，并在实施过程中严格执行。

2) 安全系数计算

结合拟建起重机和具体工况，可计算标称起重能力。然后，根据待安装梁的实际重量计算起重机梁架设的安全系数。也就是说，标称起重能力必须满足架设梁的实际质量要求，并且必须具有足够的安全系数。横梁架设的安全系数一般不应小于 1.4。用于系梁和吊装的钢丝绳的安全系数应进行检查和计算，以符合相关标准。架梁前，必须对起重设备、滑轮锁、钢丝绳、吊钩、钢丝绳绑扎梁进行全面检查，确保符合架梁施工要求。

3) 基础处理

结合施工期间机械和梁的完整工作条件，计算所需的地基承载力。如果地基承载力达不到要求，可将原土清理夯实，并填筑碎石。必要时可浇筑一定厚度的混凝土，以确保承载力满足吊装要求。

4）架梁的时间安排

在保证铁路线路正常运输的前提下，合理利用天窗时间安排施工，每次架梁时间不得超过天窗时间。在编制施工方案时，合理组织梁的架设过程和时间安排，做好梁的架设和施工工序衔接前的准备工作。

5）现场防护措施

按规定采取施工防护措施，落实现场防护人员和防护标志，做好车站工作，保证定期通信，确保铁路线路安全。

6）附属工程施工

可以用官方关键时间和关键时间构建的内容，必须合理利用，组织实施；如果不能在关键时间内完成，可单独安排施工，或在铁路部门的监督下合理利用列车间隔进行附属工程的施工。

7）施工特点

（1）堆场应具有一个相对平坦的起重机站和一个梁存放位置，如有必要，应修建临时交叉口；

（2）必须按照批准的施工方案实施工作条件。起重机安装后，应进行试吊试验，以验证相关参数是否与拟定工况一致；

（3）钢吊和钢丝绳的安全系数必须满足吊装要求；

（4）对横梁安装有影响的铁路设备和装置应在正式分配点之前由设备管理单位转移或保护；

（5）横梁架设作业必须严格按照铁路部门规定的时间组织进行。

### 1.3.3 架桥机架梁关键技术

原则上，架桥机必须用于安装框架梁的桥梁施工。架桥框架梁施工安全度高，对铁路结构和设备的影响相对较小。

公路桥梁、市政道路桥梁等预制梁。一般采用T形梁或箱梁。安装完成后，将进行梁接头和隔板施工，形成一个完整的梁表面。此类桥梁通常由机器架设，用于公路桥梁的架设。对于铁路预制梁，有两种类型：T形梁和箱梁。T形梁架桥机包括：单梁架桥机、双梁架桥机、重轨铺梁架桥机、拼装架桥机等；箱梁架桥机包括：定点吊装导梁架桥机、导梁穿孔架桥机、无导梁架桥机、平行箱梁步行架桥机、综合运输架桥机等。

1）架桥机选型

必须结合跨度、待安装横梁的重量进行选择。必须确保架桥机的起重安全系数满足横梁架设的要求，并广泛考虑运梁设备与架桥机的配合。图1.3-2为架桥机图。

2）架梁时间安排

架桥机必须在关键时间内跨线架设梁，在铁路部门规定的时间内安排施工，及时完成施工任务，确保铁路营业线的安全。

在制定梁组方案时，结合梁组工艺的安排，合理分配各工序的作业时间，确保关键施工任务按时完成。图1.3-3为总体施工工艺流程图。

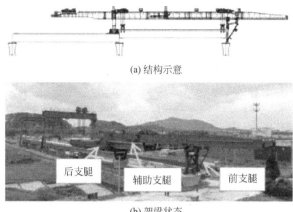

(a) 结构示意

(b) 架梁状态

图 1.3-2 架桥机图

3）现场防护及附属施工

采取防护措施，严格按规定落实防护人员。在关键点施工过程中，应结合安全保证处的吊梁距离，按时进行相关辅助工程的施工。

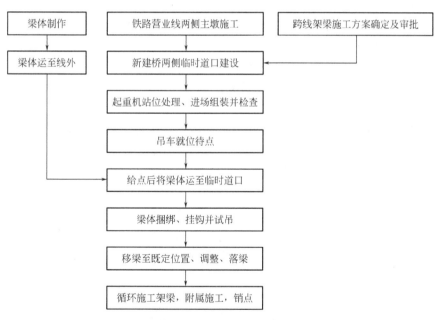

图 1.3-3 施工工艺流程图

4）架桥机架梁特点

（1）必须有安装桥梁组装机的场地和运输梁的通道；

（2）选择合适的桥梁拼装机和起重设备，安全系数必须满足施工要求；

（3）桥梁拼装机拼装完成后，必须进行现场验收，符合要求后方可进行梁拼装作业；

（4）确定架梁施工是否会影响铁路线路的结构和设备，并提前采取保护或转移措施；

（5）桥梁架设的安全性高于吊车梁架设的安全性；

（6）通过铁路营业线架设横梁必须在"要点"时间内组织。

### 1.3.4 跨线现浇梁施工

跨线现浇梁的施工方法主要有支架法、挂篮浇筑法、移动模板法等。现场法穿越铁路营业线施工时间较长，一般不用于繁忙的正线和穿越优质铁路。当铁路线路速度不高、坡度较低时，可考虑采用现浇跨线施工。

1. 支架现浇梁

采用支架现浇梁中使用的支撑系统是一种直接在现有基础或结构上设置支架或门式脚手架并构成支撑系统的施工方法。采用这种方法施工时，梁的重量和其他施工荷载通过支撑系统传递到基础上，因此对基础的要求很高，基础必须有足够的承载力，否则需要对基础进行处理。一般情况下，采用现浇支护方式修建的铁路活动线承载能力较低、列车速度低、行车密度低、新梁底与铁路活动线之间有足够的空间，在保证铁路线路通畅的基础上，可以建立支持系统，否则不符合使用支持方法的条件。

用这种方法建造的横向支撑体系不仅是主梁施工的受力结构，也是铁路线路的保护体系。在横向支架的架设和拆除过程中，必须根据关键点组织施工。在主梁施工过程中，应严格按照铁路防护要求安排防护措施和人员。

1) 支架体系设计、检算

支撑系统和模板系统的设计原则：确保铁路营业线施工和曲线扩宽的净空要求；支撑系统应具有足够的刚度、强度和稳定性。

支护体系控制计算：应结合新梁情况和施工荷载进行应力控制计算，确保相关支护体系参与度满足施工要求。如果控制计算不符合要求，应适当确保应力控制计算符合要求，安全系数符合规范。

对于支撑系统的基础部分，应结合原土的承载力和应力控制的计算要求，确定是否进行基础处理。如果地基承载力不符合要求，可采用桩基或扩底处理。

2) 基础处理、支架体系搭设及预压

支护设计人员确定后，施工期间必须合理组织工期，并按阶段进行地基处理、支护系统架设、模板安装和预压。跨线施工应严格按照铁路部门规定的时间和制定的方案进行，以确保铁路线路设施设备的稳定性和行车安全。根据确定的程序进行荷载和测量，以获得弹性变形和非弹性变形值，作为调整支撑系统和模板的基础。

3) 支架及模板系统调整、主梁施工

预压和卸载后，根据测量值调整支撑系统和模板系统。竣工后，应按照所示步骤进行远光施工。主梁施工期间，应保持铁路线路正常运营，并按照铁路部门的标准在现场安排安全防护措施和防护人员，以确保铁路线路的安全和施工的安全。

4) 支架及模板系统拆除

横梁及附属工程施工完成后，必须及时拆除支撑系统和模板系统。横截面的拆除必须在砌块关键点的时间内进行。拆除顺序必须与施工顺序相反，必须严格按照既定方案进行。必须在每个施工点完成既定的施工任务，并固定未拆除的部分。拆除施工必须继续进行到下一点，直到所有部分恢复正常。

5) 跨线支架法现浇梁施工特点

(1) 支撑系统的承载力、稳定性和刚度必须满足要求；

（2）支撑系统架设、横向吊装、模板安装等，必须在锁定时间内多次构建"关键点"；

（3）对于桥梁完工后拆除支撑系统，由于梁体形成后工作空间变窄，拆除实施难度必须在"关键点"锁定时间内确定，拆除顺序与安装顺序相反；

（4）这将对铁路线路造成长期影响，是一种很少使用的施工方法，但在特殊工期要求的情况下，支护方法可以加快施工进度；

（5）在施工期间，必须做好铁路线路的保护工作，确保安全。

#### 2. 挂篮悬浇梁

当新桥梁底部与铁路线路顶部的距离较大时，悬臂梁更有优势。

1）挂篮设计

跨线桥拟采用吊篮悬臂浇筑法施工时，如果吊篮各部分的尺寸对铁路线路的结构和设备有影响，应充分考虑新桥与既有线的关系；是否满足安全距离要求。同时，结合新桥的施工要求，吊篮本身必须具有足够的强度、刚度和稳定性，吊篮设计的安全系数还必须满足铁路横线施工的特殊要求。按照《公路桥涵施工技术规范》JTG/T 3650—2020，挂篮设计的主要参数有：挂篮总重（挂篮质量一般控制在梁段混凝土的质量的5倍以内，且最大值不超设计限值）、允许最大变形值（20mm）、挂篮的抗倾覆安全系数（2）、自锚固系统安全系数（2）、各限位系统安全系数（2）。

2）挂篮拼装前主墩顶现浇段等施工

当采用挂篮悬臂法进行现浇施工时，必须在桥墩（0块）上部现浇段施工完成后安装挂篮设备。如果块0的长度不能满足吊篮的设置，则必须建造后续块。挂篮组装前的工段号一般采用全支撑法或顶部内置式码头支撑系统施工。

3）挂篮拼装、模板系统安装及预压

主梁施工长度达到挂篮拼装要求后，必须组织挂篮拼装。挂篮安装后必须进行预压。有两种预加载方法：一种是在吊篮和模板系统组装完成后在甲板上预加载。预加载方法与支撑系统预加载相似，采用分级加载方式；另一种是将主要构件组装在一起，预先在桥下预压，得到变形值。吊篮挂在桥上后，应以预载测得的变形值作为调整的依据。

4）对铁路营业线的防护措施

在前文中，简要介绍了悬臂浇筑法和挂篮法在铁路营业线桥梁施工中的防护体系，主要包括挂篮自防护体系、十字门脚手架体系和两种方法相结合的防护体系。施工前，应结合已跨越既有线的实际情况确定。在施工过程中，按照铁路部门的规定安排防护人员和标志，确保铁路线路的安全。

5）挂篮悬浇段施工

吊篮拼装调整完成后，悬臂浇筑段必须按施工顺序施工，各主墩顶部T形架两端必须平衡，以保证T形架的稳定性。在吊篮操作、模板调整、钢筋绑扎等方面，在混凝土浇筑、预应力张拉等工序中，主墩两侧梁段悬臂梁的施工进度应对称平衡，不平衡偏差应控制在规范或设计文件规定的数值内。

吊篮的移动和模板在铁路线路影响下的调整必须在关键时刻内进行；挂篮的操作和在业务线影响下的模型调整必须在关键时刻内实施；如果不属于活动线的范围，则应按照相邻活动线的措施实施。

6）合龙段施工及挂篮回退

闭合段的施工和梁系统的连续转换应按照确定的顺序进行。铁路线以上合龙段可采用挂篮模板系统施工。一般可将一侧挂篮退回到0号块处拆除，操作换为附属工程施工。

7）施工特点

（1）新桥与既有线的距离必须满足吊篮法施工要求；

（2）挂篮设计时，应充分考虑对营业铁路线结构和设备的影响，并提前采取措施；

（3）在吊篮横移施工过程中，模板的安装和调整必须在关键点锁定时间内进行；

（4）挂篮自保护系统本身可以作为建筑物保护系统，也可以保护铁路营业线；

（5）施工期间，只有部分悬浇段对铁路营业线有影响。

### 1.3.5 移动式门架设备管理

可调式移动支撑门架系统由走行台车总成、下横梁总成、支腿总成、主梁总成、伸缩梁总成、横联总成、梯子平台护栏、电气系统、液压系统、接长段总成等组成，整机通过两端伸缩梁伸缩适应不同墩柱长度支点位置，可调式移动支撑门架见图1.3-4。

图1.3-4 可调式移动支撑门架

传统支架的施工经验虽然比较成熟，移动模架或贝雷梁等桥梁工程常用设备由于需要频繁地进行拆卸、安装与维护，不仅在铁路线上方拆装作业的工作量较大，对铁路运营的安全是一个巨大的威胁，而且工程成本高，为本项目研发的可调式移动支撑门架在此方面是远胜于传统的施工模式的。移动门架通过走行台车在钢轨上移动，可以实现整机直行或行进中转弯，施工人员在移动门架平台上进行模板组装作业避免了模板施工与铁路线的直接接触，大大减少了桥梁施工对铁路运营的影响，同时也避免了模板支架的拆卸与安装，节省了施工时间与费用消耗。移动门架还可以通过调整螺杆等装置调整平台，使模板施工更加精确，减少不必要的工程消耗。通过可调式移动支撑门架即可完成本项目6.76km骑行既有铁路线高架快速路施工段盖梁的浇筑施工，机具操作人员只需要通过专业的培训即可，节省了大量投入支架施工的时间、资金以及人员等消耗。

可调式移动支撑门架采用拼装式，易于组装、拆装、运输，经济性好。具体性能参数见表1.3-2。

可调式移动支撑门架系统性能参数　　　　表 1.3-2

| 序号 | 项目名称 | 单位 | 参数值 |
|---|---|---|---|
| 1 | 最大承载能力 | t | 800（含模板55） |
| 2 | 大车走行轨距 | m | 12.25 |
| 3 | 起升高度 | m | 11.177～15.772（第1/2/3套）<br>13.677～20.772（第4/5套） |
| 4 | 整机抗倾覆稳定系数 |  | ≥1.5 |
| 5 | 大车走行速度 | m/min | 0～10 |
| 6 | 伸缩臂移动速度 | m/min | 2.4 |
| 7 | 主梁与走行轨交角 | ° | ±5 |
| 8 | 系统压力 | MPa | 25 |
| 9 | 纵坡坡度 | ％ | 2 |
| 10 | 曲线半径 | m | ≥360 |
| 11 | 大车轮压 | kN | 110 |
| 12 | 装机容量 | kW | 49 |
| 13 | 供电方式 |  | 发电机组 |
| 14 | 控制方式 |  | 操作室/手柄 |
| 15 | 大车轮组 |  | $\phi$350 |
| 16 | 整机工作级别 |  | A3 |
| 17 | 结构工作级别 |  | M4 |
| 18 | 主要构件材质要求 |  | Q355B、Q460C |
| 19 | 工作海拔高度 | m | ≤2000 |
| 20 | 工作环境温度 | ℃ | －20～＋40 |
| 21 | 工作环境风力 | 级 | ≤6（工作状态）<br>12（非工作状态） |
| 22 | 照明 | 个 | 4 |

## 1.4　本章小结

本章提出骑行铁路线桥梁施工的工程与环境背景，凝练国内外研究的现状和存在的问题，针对骑行铁路线复杂环境桥梁施工提出关键技术问题，如预制梁架设、架桥机架梁关键技术、跨线现浇梁施工等，在此基础上介绍骑行铁路线复杂环境桥梁施工的大型设备可调式移动支撑门架系统。

# 第二章

# 预制梁场地施工与风险分析

## 2.1 预制梁场地选址

预制梁位置的合理选择直接关系到整个工程的工期、成本和效益。在选择预制场地时考虑了技术和经济因素。根据公司管理水平和项目现状,按照"科学管理、经济建设、安全环保"的原则和《公路标准化施工技术导则》的具体要求,通过科学的总体规划、量化合理规划、消除确定和不确定因素,确保工期。选择预制梁位置应考虑的主要因素是工程规划、桥梁工程的数量和布置、影响预制梁安装的关键因素、大型机械设备的通行条件、桥梁结构的设计和施工、拆迁补偿费、预制场地质条件、平整土地数量。图2.1-1为预制场地全景图。

图 2.1-1 预制场地全景图

### 2.1.1 预制梁场地的选址原则

一般来说,预制梁的选址应因地制宜、降低成本、节约资金、确保质量,并进行全面规划,以实现最佳效益。特别是在可行的情况下,应尽可能地选择在桥梁比较集中的地段设置预制梁场。还要保证预制场的临时工程量要小,要避免预制梁场的征地拆迁数量过多,充分考虑到交通运输的便利性,同时还要尽可能地缩短梁的传输距离。

1. 现场预制场预制梁生产与桥梁主体工程施工互不干扰

预制场生产与主桥施工的关系是局部与整体的关系。党必须服从大局,为人民服务,确保总目标的实现。我们还必须为党完成具体任务创造条件。因此,主桥施工组织设计确定了现场预制场的生产任务后,如果相互干扰,不仅不能完成现场预制场的生产任务,而且会影响主桥施工目标的实现。

2. 现场预制梁场尽量位于施工区域边缘或施工区域内

预制梁的施工现场应尽可能位于边缘或施工区域,缩短成品梁的运输距离,保证成品梁的运输安全,加快梁的施工进度,降低运输成本和梁的成本。

3. 充分利用主体工程施工的资源

由于预制场位于施工区或施工区的边缘,有可能为预制场充分利用主体工程的施工资源创造条件。例如,预制梁的水电系统可以从主站接入,与主站共用接入线,减少重复施工,便于大型生产梁的设备和批量生产梁的材料的运输和进入,节约了总的施工成本。

4. 预制场所在地的地形和地质条件满足生产要求并使临时工程量较小

施工现场的梁位应设置在地质条件良好、地面平坦的地方,以防止滑坡和泥石流的流动,减少地面工程和地基加固,降低工程成本,防止杆塔帽沟槽坡度超过3%。根据防洪排涝要求,避开低洼地区、河谷和洪涝灾害多发地区,确保雨期施工安全。图2.1-2为预制梁场地图。

图 2.1-2 预制梁场地图

## 2.1.2 选址影响因素

在选择现场预制梁的位置之前,有必要调查项目的实际地理位置,并根据当地土壤、地质和气候条件选择合适的现场预制梁位置。由于大型桥梁预制梁自重大,对地质条件要求高,基础必须固定。尽量选择地面位置,地质条件好,尽量减少预制梁基础的工程加固,减少对临时工作的投资。如果基础条件不符合标准,也可以适当加固,但如果加固成本较高或加固仍不符合标准,则建议另选一个预制梁施工现场。

在现场选择预制梁时,充分考虑了现场预制梁与其他施工项目的兼容性。预制场的选择必须避免与主体工程相互干扰,影响工程进度。如果由于场地表面的限制,预制场无法与主体工程分开,则必须合理组织,以尽量减少生产干扰,提高整个项目的效率。

在选择现场预制梁的位置时,还必须充分利用项目的供水和供电等公共基础设施。在预制梁的制造过程中,必须使用一些大型机械设备。此外,还必须向建筑工人提供他们每天所需的能源和水。因此,在施工区或施工区边缘现场布置预制梁,不仅可以为主体工程的施工资源创造条件,还可以方便地将水电资源与主体工程的其他资源链接起来。

在选择预制梁的位置时，还应考虑运输因素，预制梁可分为内部运输和外部运输。这对内交通设备预制梁的现场选型有很大影响。因此，现场运输应满足以下要求：现场预制梁与其他部位的距离不宜过长。这是因为现场预制梁与其他施工单位之间的运输量大，运输强度高，需要缩短运输距离，以降低成本。施工现场有足够的大吨位车辆，以满足预制梁的运输需求。预制梁场的外部运输位置必须尽可能满足大型设备和预制梁的运输需求，以减少因运输不舒适而增加的成本。

1. 可供选择的场地面积和立地条件

通过比较预制场地类型选择的优缺点，可以看出所采用的场地类型与场地的可用面积密切相关。在桥梁施工场地允许的情况下，引道及附近预制梁场是各类桥梁施工的最佳选择。在选择预制场之前，应现场检查当地的自然条件，以防止雨季的突然洪水影响正常施工。

2. 与主体工程施工相互干扰的程度

在大型桥梁施工总平面布置中，考虑到施工区域内各施工单位的协调，各施工单位应限制在建筑物总平面布置的设计范围内，尽量避免现场预制梁与主要工程场地之间的关系。不能独立作业时，应采取合理的布置和有效的施工组织，减少相互干扰和对生产过程的影响。

3. 利用主体工程施工资源的程度

在选择现场预制梁的位置时，充分利用公共设施也是一个不容忽视的因素。公共设施主要涉及水、电、气的供应。预制梁的生产需要大型机械设备（如门式起重机）来满足能源消耗，为了满足施工人员的日常需要，需要提供电力和水。由于预制场位于边缘或施工区，为预制场充分利用主体工程的施工资源创造了条件。

4. 运输因素

交通量大，强度高。合理安排堆场的交通运输，对于保证工程建设的顺利进行、降低工程造价具有重要意义。船厂运输通常包括外部和内部运输。从区位的角度来看，外部交通对区位的影响是有限的。施工单位之间的运输量大，运输强度高，地形相对复杂。有时会在运输中遇到很大困难。合理安排运输路线和运输量是非常重要的。内部交通对各施工单位选址有很大影响。

5. 费用因素

在保证生产和质量的前提下，节约投资成本是施工单位的主要考虑因素之一。预制梁场作为桥梁工程的辅助场，一般建在桥梁场附近。现阶段，大量的工程场地（如桥梁）位于郊区或直接位于城市，征地成本往往是项目投资考虑的主要因素之一。因此，经济合理地选择预制场是预制梁施工中必须考虑的问题。

## 2.1.3 预制梁场规划布置应考虑因素

现场预制梁的规划布置应满足主体工程预制梁的施工要求。主要考虑工作环境和交通条件的影响。预制梁施工现场的总体布置必须充分考虑工人的生产和生活环境，确保安全生产，减少门式起重机下方安装人行道等安全生产隐患。同时，必须保证工人的生活条件。预制施工的规划不仅要以人为本，改善职工的生活环境，而且要尽量远离施工现场，减少噪声对职工的影响。在现场预制梁的规划布置中，应尽可能合理地安排功能区之间的空间布局，缩短运输距离，提高工程效率，降低成本。

由于现场预制梁在预制梁生产过程中需要运输大量的原材料，因此也需要运输预制梁的成品。在规划和布置预制梁时，应充分考虑交通条件。节约生产成本，保证生产效率，提高生产安全性。因此，在现场预制梁的规划中，既要满足现场预制梁生产中的材料需求，又要将材料运输到现场预制梁相关功能的生产区域，减少二次运输；材料的运输也存在于预制梁场和其他功能区之间。现场预制梁与其他功能区之间的距离应尽可能减小，运输道路应优先考虑。由于大多数预制梁体积大、重量大，对道路运输的要求必须满足道路运输方式的要求。

### 2.1.4　预制梁场的场址类型

目前比较常见的现场预制梁场主要有引道及其附近预制梁场、桥下预制梁场和桥上预制梁场三种类型。

（1）引道及其附近预制梁场这些预制梁场很常见。这种现场预制梁通常在附近有场地且地基条件满足的情况下使用。这些预制梁场通常位于引桥后的引道或引道一侧，桥台后基础良好的引道底土内或附近。主要选择在开挖区，以满足安全生产的需要。该预制施工场地的优点是成品梁运输方便，不干扰主体工程施工，与主体工程施工密切相关。其缺点是引道底土必须足够大、足够长，或引道附近有一定数量的空闲土，这在城市桥梁施工过程中往往难以实现。

（2）桥下预制梁场这种预制施工场地一般用于跨江桥梁的施工，这种预制施工场地一般位于跨江桥梁下的海滩上，由于桥上预制场与桥下预制场部分重叠，施工面积相应减少。但是，由于预制梁场位于河滩上，经常浸入水中，地基较软，因此必须对地基进行处理，使地基承载力满足施工要求，并在枯水期完成预制施工任务。此外，由于桥墩的影响，自走式门式起重机不能安装在预制梁场。因此，施工机械化程度低，各工序相互干扰，相互影响，管理难度大。

（3）桥上预制梁场与桥梁场完全重合。因此，施工场地的面积小于引道及附近预制梁的面积。由于先制作安装2~3孔主梁，然后采用全跨部分作为现场预制，现场主梁制作与工程施工相互干扰，影响工程总工期。施工组织复杂，一般不适合工期较短的桥梁施工。综上所述，如果有桥梁施工用地，在引道附近的预制梁场是各种桥梁施工的最佳选择。该桥下预制场梁仅适用于河岸与海滩之间的距离。预制梁的生产只能在旱季进行。由于渡河工程主要布置在枯水期，预制场的生产对桥梁施工影响不大。当桥梁上的现场预制梁和靠近引道的桥梁下的现场预制梁不能满足要求时，桥梁上的现场预制梁是一种无奈的选择，它通常只适用于建造工期较短的桥梁。

## 2.2　功能设置与分区

据功能的不同，每个梁预制场区可分为四个部分：基本生产区、辅助生产区、办公生活区，以及场内通道及其他。

### 2.2.1　基本生产区

该区域还可分为钢筋加工区、制梁区、储梁区和提梁区。其中，钢筋加工区是指根据成品梁的设计要求，将原材料钢筋加工成所需尺寸和形状的区域。钢筋加工区主要包括钢筋加工区、钢筋存放区、梁钢筋绑扎区等。预制梁施工区是预制梁施工现场的主体，也是预制梁施工的主要场地。该区域主要设有制梁基地、模板清理储存区和预制梁施工的各种关键机械设备。存梁区为预制梁存放区，包括两种类型的预制梁：一种是已完工但无法建造的静态预制梁；另一种是可以架设但不能及时架设的预制梁均满足技术要求，主要包括存梁支架和吊车梁检修梁。预制梁的荷载传递主要在提梁区进行，包括箱梁荷载区和车站悬索桥荷载区。

### 2.2.2 辅助生产区

主要是指为保证梁的正常运行所需的其他结构和辅助设备。主要包括混凝土搅拌站、骨料储存区、实验室、锅炉房和压力处理站钢构件储存区、材料堆场和仓库。

### 2.2.3 办公生活区

该区域包括办公区和生活区，可单独或联合布置，主要用于满足预制梁区员工办公、学习、生活、休息和娱乐的需要。办公区内的活动房屋大多为两层。

### 2.2.4 场内便道及其他

这些渠道用于与现场的外部和功能区域进行沟通。预制梁制造所需的原材料和设备应通过现场道路运输到所有功能区。预制梁和材料在相关功能区之间的运输应通过现场通道进行。其他涉及预制梁场内绿化带、排水系统和没有预制梁的角落的地方。

### 2.2.5 梁场功能区的空间关系分析

制梁区是制梁场的重要组成部分，也是最繁忙的活动场所。一般情况下，钢筋加工区和梁储存区应靠近梁制造区，以便于将钢筋等材料运输到梁制造区，以及预制梁成品的吊装和储存；预制梁完工后，应将其吊装到梁车间储存。因此，为了便于门式起重机和其他起重设备的操作，梁的储存区和梁的生产区应尽可能相邻；为了便于混凝土运输，混凝土加工区通常位于梁的生产区附近；为避免工作噪声对员工谈话的影响，应尽可能远离光束生产区。此外，为了便于现场搬运，材料堆放区和钢筋加工区应相互靠近，以减少钢筋和其他材料的现场搬运工作量。

一般来说，进场道路应在整个现场的所有功能区呈环形布置，以满足进场材料的运输和成品预制梁的运输。通常有两个出口，一个在里面，一个在外面。对于单出口，应根据运输梁的特殊要求计算梁的宽度。

在现场预制梁场的实际设计和布置中，无论是购买施工中使用的混凝土还是其他混凝土来源，每个预制梁场的设计和布置都需要七个功能区，即制梁区、存梁区、混凝土搅拌区、（材）物料堆放区、钢筋加工区、生活区和模板加工区。

一般而言，预制梁的设计和布置有两种基本方法，即双排布置和单排布置。其他设计模式是对这两种基本模式的局部更改。

1. 双排布置

其特征在于：运输道路通过梁场，梁场各功能区内外的物流非常方便、顺畅。制梁区与储梁区、混凝土加工区、堆码区、钢筋加工区之间的运输距离较短。材料储存区靠近钢筋加工区和混凝土加工区，减少了结构梁的运输距离，节约了运输成本，提高了成品梁的运输安全。

双排布置适用于梁位距地较近的长宽形状，布置示意图见图 2.2-1。

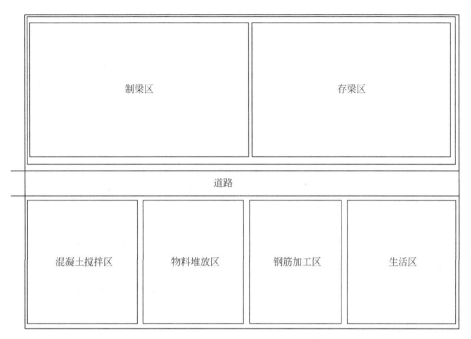

图 2.2-1　双排布置示意图

2. 单排布置

其特点是运输道路位于场梁的长边，功能区与场梁外侧之间的物流非常方便、顺畅。生活区与梁的生产区相对较远。材料堆放区与钢筋加工区和混凝土加工区相邻，以尽量减少原材料的运输距离；梁制造区与梁存放区相邻，缩短了成品梁的运输距离，节约了运输成本，提高了成品梁的运输安全性。然而，梁加工区、混凝土加工区和钢筋加工区之间的运输距离相对较长，布置示意图见图 2.2-2。

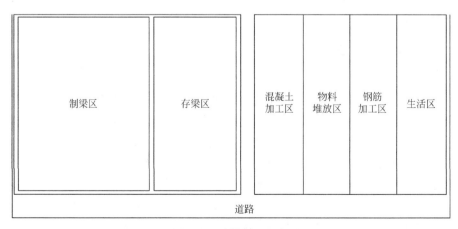

图 2.2-2　单排布置示意图

## 2.3　先张与后张共用预制台座设计

根据预张拉方法的不同，传统的预制梁台座分为后张法预制梁台座和先张法预制梁台座。后张预制梁台座必须在混凝土成形后承受结构的拉力，因此需要更大的竖向承载力。然而先张法预应力预制台梁必须具有较强的水平应力稳定性。因此，两个基座的基础结构不同，其范围受到预制梁类型的限制。另外，两种传统的预制台梁需要开挖、混凝土施工或电杆，不仅造价高，而且施工量大、灵活性差。

先张与后张结合使用的预制梁支撑装置，包括支撑体和支撑结构，支撑体固定在支撑结构的顶部。台座体应包括一个主平台、后张端台和先张梁组；后张端台安装在主台两侧；先张梁组可拆卸地安装在后张终端平台上；先张梁组应包括梁的固定端、受拉梁的横向端和施力梁的端部；张紧装置放置在施力梁的末端。张拉受力边梁两端设有顶抵结构。张紧装置包括伸缩油缸、内滑动梁和反向张紧拉杆。伸缩油缸固定在施力梁端部，内滑梁在内牵引梁端部流动。

使用时，将底座体与后张端台组成的后张预应力平台结构与基础结构下承梁形成了强支撑和应力分散，后张承载力由梁间板和梁间分布形成。后张法预制梁的结构受力，即后张法预制梁的完成。端梁和内梁在端平台上连接受力侧梁和端梁的结构端后，可用于夹紧和拉伸钢筋或钢丝。然后提起模具，关注混凝土，再进行快速方便的拆卸，即可以预制预应力梁体。内滑梁的设计使张紧方向稳定，固定螺栓实现了联接扭力与预紧力的快速切换，耦合结构的设计提高了牵引稳定性和耦合强度。本设计不仅节省了混凝土柱或钢筋基础的开挖和成型施工，而且拆装方便，便于现场二次使用和结构调整。

预制梁支架单元的预张法和后张法超出了传统预制梁支架的应用范围。本设计可同时满足预应力梁和后张梁的预制应用，且应用方式的改变方便。同时，在保证支座强度和稳定性的基础上，避免了混凝土基础的大规模施工，广泛应用于各种预应力处理的预制梁施工中。

台座是一个加固和固定的预打印支架结构。台座必须承受所有预压缩载荷，因此台座必须具有足够的强度和刚度，以确保台座在加工过程中的稳定性。目前，台座有很多形状，如弹簧式和凹槽式。

### 2.3.1　先张法预制梁生产流程

预张拉法是在混凝土浇筑前对基础钢或模板施加张拉和预应力的方法。

先用夹具将预应力钢筋临时固定在底座的梁或钢模板上，然后与非预应力钢筋连接，架设模板，浇筑混凝土，并将混凝土硬化至规定强度。当预应力钢筋与混凝土之间有足够的粘结强度时，应将预应力钢筋拉伸或切割，使预应力钢筋收缩，并通过混凝土与预应力钢筋之间的粘结强度传递预应力。预压应力发生在钢筋混凝土构件的受拉区。

底座是预拉伸法中预压缩的主要设备之一。

预制梁制造过程中的所有拉力。张紧座在张紧后不得转动、移动或变形。

（1）张拉前的准备工作。预应力梁的预应力筋放在底部模板上，然后，预压处理后的钢筋应在基础上拉伸。对于长导线基础，预紧筋或预紧筋与绑扎带和导线的连接应在张拉前与接头串联，在这种结构中，一端张拉，另一端应在张拉前安装预紧钢筋紧固件或松弛装置。张拉前，安装定位板，检查定位板拉杆位置及大直径孔。检查横梁是否符合设计要求，并将定位板固定在横梁上。应在验证预应力筋、张拉装置和锚固的数量和位置后进行张拉。

（2）预应力钢筋张拉是预应力施工的关键工序，应严格按照设计要求进行。预应力筋的张拉控制应力直接影响预压效果和力学性能、构件的抗裂性和刚度，因此控制应力不应过低。然而，为了使预应力钢筋处于弹性工作状态，控制应力不应过高，也不应超过其屈服强度。否则，构件的荷载将非常接近破坏荷载，即非常危险；此外，过大的拉应力会导致反拱过大，预应力区的裂缝也不利。因此，预应力钢筋的张拉控制应力满足设计要求，当预应力钢筋在施工过程中过度张拉时，可比设计要求增加5%，但最大张拉控制应力不应超过表2.3-1的要求。

最大张拉控制应力允许值　　　　　　　　　　表 2.3-1

| 钢筋种类 | 张拉方法 | |
|---|---|---|
| | 先张法 | 后张法 |
| 碳素钢丝、刻痕钢丝、钢绞线 | $0.80 f_{ptk}$ | $0.75 f_{ptk}$ |
| 冷拔低碳钢丝、热处理钢筋 | $0.75 f_{ptk}$ | $0.70 f_{ptk}$ |
| 冷拉热轧钢筋 | $0.95 f_{ptk}$ | $0.90 f_{ptk}$ |

钢丝和钢绞线都属于硬钢，冷拔钢和热轧钢属于软钢。由于硬钢没有明显的屈服点，塑性没有软钢好，因此控制拉伸系数没有软钢高。

（3）制作和安装模板。梁体的侧模和端模采用型钢模板。

模板应清理干净，均匀涂抹隔离剂，安装钢筋后安装模板。安装时严禁在底座上焊接，以免影响钢丝。下盖板法安装模板梁。上下开口用螺钉连接。用斜杆矫直模板。侧模之间、侧模与底模之间、侧模与端模之间的间隙用海绵密封，模板用螺栓固定。图2.3-1为模具的安装定位和钢筋定位。

模板位置由定位杆控制；模板的内支撑由框架调整杆支撑；在施工过程中，由专人负责检查电枢和位置，为保证内模的定期拆除，每次必须使用内模释放剂进行清洁和刷涂。空心板底板浇筑完毕后，插入气囊，充气满足要求后继续浇筑。混凝土喷射完成后，检查气囊拆除时间，约4h后拆除气囊，拆除过程中缓慢放气。

（4）混凝土浇筑。混凝土应按预先确定的配合比进行拌和，其强度和弹性模量应满足设计要求，在拌和过程中应掌握最佳拌和时间，以保证混凝土骨料的尺寸和清洁度，并应准确计量。浇筑前应将所有钢筋和保温套管固定在设计位置，如发现套管损坏，应及时用胶带密封，防止浇筑过程中混凝土浆进入，使有效装置失去保温功能。

混凝土用料及配合比要符合施工规范和设计要求。向管理局报告的两种配合比中，应采用中央监理局批准的第一种配合比，水泥用量控制在500kg以内，符合施工规范，使用商品混凝土的目的是保证混凝土在施工和长期生产过程中技术指标的稳定。分层浇筑时，底层先浇筑9cm，然后用专用振捣板振捣，然后放入胶囊内充气。充气时间应为6～9min，最多不超过20min（因此，选择空气压缩机很重要）。当空气充满后，从腹部侧面浇筑，最后浇筑上部混凝土。为了充分利用设备，保证混凝土空心梁在短时间内达到足够的强度，采用高效复合减水剂FDN，3d后混凝土强度可达到80%以上。整个生产周期为

图 2.3-1 模具的安装定位和钢筋定位

7d，从计划安装钢筋、拉线、安装模板、浇筑和养护混凝土、拉线到拆除梁。

在浇筑梁时，应注意内置部件，如伸缩缝、防撞护栏和内置排水管洞。在施工过程中，混凝土必须用交流插入式振捣器振捣，振捣器必须从两侧同时振捣，防止充气胶芯模和内模左右移动，防止振捣器碰到胶芯模打洞漏气。

为了防止混凝土边缘出现裂缝和损伤，混凝土梁的强度达到 15MPa 方能拆除模板（拆除时间由试验结果决定）。拆模后应立即对梁板进行编号，以便安装时对梁进行编号，拆模后应及时凿除铰缝处的钢筋，以便以后浇筑混凝土。

根据施工的外部条件，用手指按压混凝土表面，如无明显痕迹，可将模板从胶芯中取出，使用后可清洗干净，避免日晒和油、酸、碱等有害物质的浸蚀。

(5) 混凝土的养护。

混凝土应立即浇水和硬化，防止阳光、强风和冲击的负面影响。固化时间不少于 7d。

(6) 预应力的张拉。

① 张拉顺序：预应力筋的张拉顺序应符合设计要求，受偏心预压的钢筋应同时张拉。

对于较小区域的预应力钢筋，较大区域的预应力钢筋必须同时张拉。

② 张拉方法：为防止预应力钢筋在张拉过程中受到过大的冲击，造成钢筋端部开裂、变形和断裂，应将预应力筋张拉调整为用千斤顶张拉整批预应力筋。使用张力千斤顶时，必须施加各种张力。

## 2.3.2 后张法预制梁生产流程

1. 施工准备

（1）模板设计：大型预制梁的内外型材均为型钢，由工厂按图纸加工成型。外模和内模沿梁长方向分为两段或两段以上，但内模一般设计为无牵引结构，便于拆卸。

（2）制作预制梁共用台座时通常采用混凝土浇筑，表面须平整光滑，不许下沉，表面通常铺设钢板，将混凝土压平整，并且设置锚固钉与底部混凝土进行牢固的连接。

（3）钢筋、钢丝等材料进场时，应出具质量手册，经检验合格后方可入库。进场时应分批验收，进行表面质量、直径偏差和力学性能试验，在拉伸试验中，应同时测定弹性模量。

（4）现场施工管理及技术人员需对图纸进行详细审核；工程技术部对现场技术及管理人员进行详细的技术及安全交底。现场技术负责人对施工班组进行培训并交底，使之掌握预应力施工知识和正确操作方法。

（5）预应力张拉设备及工具：限位板、穿心式千斤顶（带位移传感器、应力传感器）、工具锚及夹片、智能张拉主机、高压油管、砂轮锯等。工作锚不得作为工具锚使用。

将工作锚放置于限位板的限位槽内，核查预应力孔是否完全重合，如不重合，严禁使用。

配套标定：千斤顶使用时间超过 6 个月，张拉次数超过 300 次，使用过程中千斤顶或压力表出现异常情况；千斤顶检修或更换配件后应重新进行标定。

千斤顶与测力传感器配套标定，应按相关标准规定每年送检一次。标定时千斤顶活塞的运行方向应与实际张拉工作状态一致。

（6）材料搬运及存放：

应存放在干燥、防潮、通风良好、无气体和腐蚀性介质的仓库中，并适当保护其免受腐蚀、污染、机械损坏、混淆和损失。有效期不得超过 6 个月。露天储存时，应加垫和盖。在储存和搬运过程中，应避免机械损坏和有害腐蚀，图 2.3-2 为材料存放图。

标准化要求：材料必须有标识标签，标明材料名称、规格型号、入库日期、入库数量、检验日期、检验状态等，由技术人员负责。

2. 预应力管道

应按设计位置配合安装，用定位钢筋固定牢固，定位距离不应大于 0.8m，弯管应完全加密。当管道与普通钢筋搭接时，必须移动普通钢筋，不得改变管道的配合设计位置。铺设的管道应光滑，其末端中心线应垂直于锚轴承。管道接头采用直径较大的类似管道，长度为所连接管道内径的 5～7 倍。在连接过程中，在混凝土浇筑过程中，接头的角度、管道的旋转或位移不应发生变化，并应紧密缠绕，以防止水泥浆渗入。

锚模、锚板和螺旋钢筋分别安装在固定端和张紧端。张紧端的锚定板必须牢固地安装

图 2.3-2 材料存放图

在承插端板上。底板应严格以孔为中心,并垂直于孔的末端,不得有位移。风箱与锚板的连接及密封应均匀。所述注浆孔设置在锚定在受拉端的圆形底板上。管道安装完毕后,应采取可靠措施暂时封堵港口,防止进水或其他杂物进入。管道安装图见图 2.3-3。

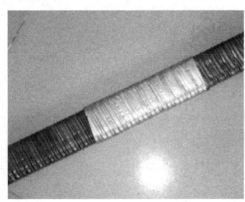 

图 2.3-3 管道安装图

3. 钢筋制作以及绑扎

钢筋在预制梁场加工。

(1) 钢筋加工前的准备:钢筋应平直,无局部变形,表面应清洁。应清除油、铁锈、油漆污物、水泥残留物、浮渣和可通过锤击清除的铁锈。冷拔延伸率不超过 2%。

(2) 钢筋的切割和弯曲:根据设计图纸计算每根钢筋的去毛刺长度,用切割机切割,用钢筋弯曲机成型。

(3) 检查:检查必须用直尺测量,并随机抽取 20% 的样品。允许偏差应符合标准检验要求后进行编号和堆叠。

(4) 钢筋绑扎结构安装:将主梁铜筋绑扎在已找平并涂有隔离剂的底模上。钢筋连接时应小心安装,底板上的锚杆和胶带应严格按设计图纸安装,预埋件应定位,预补偿管的定位钢筋应安装。

### 4. 波纹管的安装

目视检查金属波纹管应清洁，无腐蚀、油孔、咬边和裂纹。预留孔的尺寸和位置应校正，偏差应符合检验标准要求。

采用定位杆、支撑杆和主梁结构将金属波纹管预固定在设计的预紧位置，预紧管道的纵向坐标值为"技术"尺寸减去管道半径，即管道下边缘与下模板之间的距离。预应力筋管应固定牢靠，不得上下或左右移动，以防轻卷和灌浆时移动。孔应笔直，无死角，弯曲应光滑。

### 5. 安装内模及顶板钢筋

为保证内模不移动，采用定位钢筋、支撑钢筋和主梁钢筋。安装内模时，注意接缝处没有裂缝。为了防止裂缝，模板内接缝的每一部分都必须覆盖塑料。安装内模后，必须系好车顶加强件。连接加强件后，再次检查金属波纹管的正确位置。

### 6. 安装端模和侧模

钢筋绑扎后，用机械门手动将模板端部与底座两侧侧模抬起，并涂上隔离剂；首先将模板端部固定，模板一端与定位端对齐并用下楔固定。垂直调整时，用斜支架与模板端部连接（无螺栓连接），然后架设相邻的内模，与连接螺栓连接，内模依次安装，模具一端与另一端用螺栓连接。中心模板与海绵连接，防止下水道渗漏。侧模安装到位后，下侧与块支撑牢固，两侧与上侧杆拉伸，保证梁板的几何尺寸。

安装侧模后，安装端模。端模和侧模应拧紧，防止模板膨胀。梁端锚固下的底板和螺旋筋应牢固地固定在梁端模板上。

### 7. 浇筑混凝土

浇筑混凝土前，对预埋于混凝土中的锚具、管道和钢筋等进行全面检查验收，符合要求后方可开始浇筑。浇筑混凝土时，主要方法是塞振，辅以固定振捣。采取有效措施，加强箱梁网与底板、顶板之间支撑的振动，加强预应力筋紧固点区域及其他预应力密集钢筋束和加固部位的振动；对于预压缩元件，振动器不得与预压缩装甲碰撞；对于后张结构，振动器不应与管道的内置部件和预张钢筋发生碰撞。在铸造过程中，始终检查锚端模具、管道和底板的稳定性，以确保其位置和尺寸符合设计要求。混凝土试件，置于现场与预制梁同环境、同条件养护。钢筋绑扎、侧模、端模安装完毕后，经监理工程师检查合格后，方可浇筑混凝土梁。浇筑金属波纹管混凝土时，应派专人来回拉动装置通孔，确保通道畅通。在浇筑前，应使用足够数量的混凝土作为混凝土强度管，并按规定取样制作，在与预制梁相同的条件下进行处理。混凝土梁的浇筑应连续进行一次，停工时间不得超过20min。分层应从一端到另一端或从两端到中心，倾倒过程中海滩的倾倒坡度不得超过1:3。应指定专人监督模板和校正支架，以确保钢筋的准确位置和组合构件的正确位置。梁单元与平板振动器和插入振棒组合，控制振动过程中的振动半径范围，防止过度振动和泄漏。填料必须连续且振动密实。混凝土的振动和密度标准是混凝土不会下沉或起泡，表面会被污水淹没。振动时，插入式振捣棒应避免与波纹管、内外模碰撞。

混凝土用料及配合比要符合施工规范和设计要求。在通知管理部门的两种混合料比例中，应采用经中央监管机构批准的第一种混合料比例，并检查500kg的水泥用量是否符合施工要求。使用商品混凝土的目的是保证混凝土在长期施工和生产过程中技术指标的稳定性。分层浇筑时，先将底层浇筑至 9cm 长，然后用专用振动板振动，然后放入胶囊中填充。充气时间应为 6～9min，最多 20min（因此空气压缩机的选择非常重要）。当空气充满时，从腹部侧面浇筑，最后浇筑上部混凝土。为了充分利用高效减水剂，空心混凝土的阻力可在 3d 内达到 80%。整个生产周期为 7d，从计划安装钢筋、拉线、安装模板、浇筑和养护混凝土、拉线到拆除梁。混凝土梁的浇筑应连续进行一次，停工时间不得超过 20min。分层应从一端到另一端或从两端到中心，倾倒过程中海滩的倾倒坡度不得超过 1∶3。应指定专人监督模板和校正支架，以确保钢筋的准确位置和组合构件的正确位置。

8. 拆除内模、外膜

当梁内混凝土达到 10MPa 时，应将梁内混凝土用塑料薄膜覆盖，及时将梁内混凝土取出，以加强应力。

9. 穿束

采用穿束机逐根将钢绞线穿入孔道内。

钢绞线在专用固定架上开盘→将钢绞线穿过穿束机→在钢绞线穿入端头安装导向帽→操纵穿束机控制箱前进挡从张拉端进行穿束→钢绞线通过张拉端锚垫板、预应力管道、约束圈→取下导向帽，使钢绞线穿过固定端 P 型锚板→持续穿束，直至钢绞线到达挤压机附近→制作挤压锚→操纵穿束机控制箱后退挡，将挤压锚拉至 P 型锚板对齐→切断钢绞线，完成一根钢绞线穿束→重复上述步骤，直至穿束完成。

当混凝土强度达到设计压力时，可对横梁进行张拉，穿束前用空气压缩机等方法清理管道内的电缆，确保管道畅通。螺纹必须手动完成，管道两端的导线长度必须大致相等。

10. 张拉

当混凝土强度达到设计抗拉强度时，利用穿心式千斤顶构件对梁进行张拉。张紧前，应先对千斤顶、油泵、油压表等元件进行编号和校验，确定张拉顺序，为保证张拉对称，应同时用四个千斤顶张紧两端。用单根钢丝缓慢拉拔钢丝，并从底座中心轴两侧对称布置，防止底座偏心压力过大。预紧张力由张力和理论伸长率值控制，张力是主张力，由实际伸长率补充。电压表读数与电压的关系应采用单变量线性回归法计算。同时，应记录并监测伸长率值，实际伸长率值与理论值的差值应控制在 6%，否则应停止张拉。只有查明原因并采取管制行动，才能继续下去。放置预压缩钢丝时，应采取措施防止释放剂污染钢丝。在拉伸之前，必须进行预拉伸，以补偿基础的非弹性变形。如果没有对基础长导线施加预应力，则初张过程中的预应力损失将非常明显，并将影响质量。在张拉过程中，应详细检查基础、传力梁和各种预张紧装置。安装锚时，千斤顶、支脚和钢丝绳的四个中心拉力轴必须相同，并小心敲打锚环卡箍。

(1) 准备工作：检查梁截面混凝土试件强度是否达到设计强度；查锚板下混凝土是否有空洞和蜂窝，必要时采取加固措施；计算钢筋理论伸长值；根据控制应力和超张应力转换压力表读数；编制记录表，记录项目，并按表要求逐个记录相关数据。

(2) 张拉操作流程：安装锚定工具→初始张紧→最终伸长测量→不正确的紧固→回油张紧油缸，松开锚定工具→关闭机油泵。张紧油缸和压力油缸回收件→依次从工具千斤顶上拆下锚固元件。

(3) 张拉伸长值：张力由变形和伸长率控制，在张力过程中，通过读取油压表的数字来控制钢丝的应力，同时控制伸长率。测量的伸长率和计算的伸长率之间的差异不应超过6%，这取决于强度和伸长率之间的关系。

(4) 滑丝或者断丝的处理方法：如果钢丝在张拉过程中发生滑动和断裂，应停止张紧，检查原因并记录下来。如果情况严重，检查后重新安装线束。

(5) 张拉时应注意：张力人员应具有操作资格；堆场必须配备必要的保护措施，以确保所有操作员和设备的安全；在张拉过程中，千斤顶的张拉作用线与预应力钢筋的轴线重合。如果发现断丝，同一部件中的断丝数量应符合施工规范，即不超过钢绞线数量的1%。

11. 压浆与封锚

压浆施工包括用涂料机将水泥浆压入管道内，使管道内充满水泥浆。为了防止水泥浆在调整前外泄，填料阀的接口和出口喷嘴应设置在两端错开的封头上或附近。

(1) 预张拉后，必须及时拆下风道。当使用电加热方法时，应在电枢冷却后进行管道填充。

(2) 应在受拉后24h内进行接地，用强度等级不低于42.5的普通硅酸盐水泥配制的水泥砂浆可用于某些大孔。

(3) 灌浆前，管道应保持湿润和清洁。填充时，必须先处理底部管道。充填应缓慢、均匀、连续进行，排水应保持畅通，直至水泥砂浆逸出。渣口应继续压至 0.5~0.7MPa 一段时间，以保证渣水泥的密实度，然后关闭灌浆口。灌浆后，应将预压钢筋束暴露在台阶头外的部分隐藏起来。在切割过程中，应使用破碎机进行切割，不得使用气割和混凝土密封。最后，应完成梁的预制过程。

### 2.3.3 施工设备

1. 常用机械设备

(1) 混凝土设备及机具：强制式搅拌机组、振捣棒、附着式振捣器、混凝土吊头等。

(2) 钢筋加工设备及机具：钢筋弯曲机、钢筋调直机、切断机、电焊机等。

(3) 预应力设备及机具：符合张拉吨位要求的穿心式千斤顶、油泵、精度等级不低于1.5级的压力表、座式及手提式无齿锯、对讲机等。

(4) 压浆设备及机具：水泥浆搅拌机、活塞式压浆泵（压力范围为0~1MPa）、精度等级1.5级的压力表等。

(5) 起重设备及机具：门式起重机或桥式起重机、吊装用吊具等。

(6) 养护设备及机具：压力泵及其他养护设施等。

2. 用具

磨光机、各型锤、各型扳手、带拉线的铁球、抹面工具、用于在端模上固定锚垫板的螺杆螺母、苫布，预应力孔道采用抽拔管成孔工艺时，必须有橡胶抽拔管等。

3. 模具

(1) 模具数量：应根据构件任务量、工期及构件规格型号情况，确定模具数量。

(2) 模具制作要求：应采用钢模板，采用帮包底形式。保证结构外露面美观，线条流畅，锐角处成圆角。模板应有足够的刚度，保证重复使用不变形。模具表面不应有焊渣、毛刺，焊缝应用砂轮磨平，不应留有缝隙、透孔。底模制作时应在周边设计密封槽，并用适当材料密封条进行密封。有垫石的构件，底模上制作垫石坑时，应考虑预应力施工时构件两端的滑移。底模面板厚度宜采用不小于 6mm 的钢板，底模应与地基可靠连接，地脚螺栓、模具支腿螺栓必须紧固。端模宜采用锚穴式构件。侧模面板应采用厚度不小于 5mm 的钢板，板肋的焊接应符合钢结构焊接规范的要求，弯折部分宜用弯板机加工。侧模上口宜用螺杆连接，下口可以根据模板形式选择固定方式。

## 2.4 预制梁施工与运输安全风险控制

### 2.4.1 预制梁安装过程

（1）门式起重机将预制梁吊离预制场后，移到桥梁最外侧，从桥梁外侧旋转，直到桥梁安装完毕；

（2）将平交道装置放在跨度的内半部，并将梁支架放在平交道装置上；

（3）用装配机将预制梁直接安装在门式起重机两跨的外半部。两个内半部不得临时安装，以便门式起重机能够将预制梁提升到梁支架上；

（4）该架桥机采用自己的起升机构和起升机构循序渐进，桥梁轨道同步前进。这个周期将持续到整个安装完成。

### 2.4.2 预制梁施工方面存在的安全问题

随着我国公路建设的快速发展，国家交通建设项目投资逐年增加，公路建设安全问题日益突出。预制梁是目前我国公路桥梁工程中应用最广泛的结构形式，在桥梁工程中占有重要地位。预制梁施工受环境条件和人为因素的影响，有许多潜在的安全风险。施工过程中安全事故和人身伤害事故频繁发生，安全形势不容乐观。在预制梁施工前，制定合理完善的施工安全专项计划，是预防和控制施工安全事故的有效方法之一。目前，我国建筑安全专项制度的编制水平不高。有些内容不全，措施不全，针对性不强。存在着弱点和其他缺陷。因此，有必要完善我国建筑安全专项管理制度。

建筑安全专项规划的编制存在诸多问题。通过归纳和总结，主要体现在以下几个方面：

（1）准备的内容不完整。特殊安全施工方案不仅包括预制梁的施工工艺和技术，还包括风险识别与分析、安全保证措施等。目前，一些编者对特殊安全施工方案中的风险识别与分析不足安全保障措施不完善，对建筑物进出道路、构件存放场所等临时结构缺乏布置。

（2）相关性不强。在制定计划之前，必须仔细研究计划的执行情况。根据设计和施工图纸，选择合理的施工方法和安全控制措施。有些方案往往不能与设计要求和工程特点紧密结合，与施工环境无关。例如，预制梁的平面布置缺乏临时结构拆除技术和组合钢板梁组装技术。

（3）安全检查项目不完整，工作条件不正确。安全验算的内容对施工单位来说是非常困难的，一些设计部门还没有这样做。由于有限元软件的计算能力，有些方案甚至与设计方案不尽相同。计算不一致，计算错误。例如，应选择吊装预制梁起重设备、吊索、吊点等如果不进行安全验算或验算不完整，可能导致构件变形、吊车失稳等事故。

## 2.4.3 施工期内安全管理

(1) 对安全生产和文明工程施工实行全员、全过程、动态的全时管理,并按要求向有关单位报送安全月报等有关资料。

(2) 严格执行各项安全管理措施、规章制度、安全技术措施和应急预案,并根据执行情况及时修订和完善。

(3) 在编制和审查施工方案时,充分考虑现场的季节性特点和条件,使施工方案平衡合理,避免盲目仓促对安全生产造成负面影响。

(4) 开展定期、不定期的安全检查,结合自检、互检、专职检查,确定人员、责任,定期整改安全隐患,做好安全检查的"回溯",杜绝各类事故的发生。

(5) 提取安全技术措施费用,按规定专款专用,按规定向劳动者提供合格的职业防护用品和工具,并告知劳动者正确的使用方法。

(6) 安全技术交流书面通知操作者,由收货人书面签字,完善记录和归档。

(7) 以施工现场为载体,制定现场安全标准,完成作业,清洁材料,进行土建施工。

(8) 开展"安全生产月""安全无事故日""安康杯"等活动,提高员工的安全意识。

(9) 定期对分包商、所属单位和员工的安全生产绩效进行量化考核。奖励做得好的人,惩罚做得不好的人,形成良好的局面。

(10) 采取有效措施,保护码头、柱子和其他结构不受自然灾害和船舶碰撞的损害。

(11) 在项目实施过程中(尤其是水上施工),发生危险或紧急情况时,必须根据危险和应急响应计划采取措施,并立即通知相关安全部门。

(12) 发生安全生产事故,应当严格按照国家和地方有关规定进行抢救和处理。

## 2.5 本章小结

本章围绕预制梁场规划与选址、功能设置与分区、先张与后张共用预制台座设计及应用、预制梁施工与运输安全风险控制等方面论述预制梁场施工、管理与风险管控技术。

# 第三章

# 骑行铁路线桥梁架设与安装风险控制

## 3.1 施工风险分析

随着社会的发展，交通网络愈加完善，越来越多的高速公路需要跨越已有的铁路和公路进行施工。采用跨线施工的方法可以很大程度上避免由于施工带来的交通影响，同时跨线施工也需要进行合理的分析与措施来避免施工带来的施工风险与安全隐患。

风险是由风险因素、风险事故和风险损失三部分组成，风险的形成过程如图 3.1-1 所示。

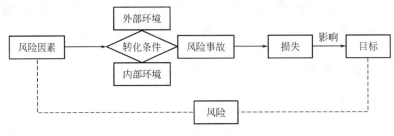

图 3.1-1 风险形成过程

为了更好地预防和控制安全风险，做好风险控制工作，在详细分析和研究安全风险基础上，要进一步研究和掌握安全风险源的组成，研究哪些事物和行为能够产生风险、能够带来风险进而造成危害和损失。鉴于工程项目安全风险的特点，工程项目的安全风险源与通常情况下的工业产品生产、生活的风险源组成有很大不同，其风险源的组成大体可概括归纳为自然环境原因风险源、人员构成原因风险源和其他原因安全风险源三类。

1. 自然环境原因风险源

所谓自然环境是指工程项目所处的自然地理位置及地质、水文、气象、气候等自然地理环境。主要包括常见的地理地质现象，如地震、台风、洪水、海啸、滑坡、暴风雪、沙尘暴等由于自然界极端气候所造成的对工程项目本身所产生的影响或危险，此类现象产生的风险源通称为自然环境原因的安全风险源。由自然环境原因引起安全风险源对工程项目往往造成已建设完成或者正在建设过程中的工程项目、设施设备倾覆、倒塌、淹没、掩埋等各种损害，也经常造成人员的伤亡或损失。另外，极端寒冷或酷热天气会造成施工质量的潜在隐患，会最终导致工程项目发生严重的质量事故，从而造成安全风险或危害的发生。所有上述这些由于自然界突发的、人力不可抗拒的力量而产生的安全风险都是我们通常意义上说的自然环境原因安全风险源。

2. 人员构成原因风险源

所谓人员构成原因安全风险源，是从事具体工程项目实施过程的人员构成原因而产生的安全风险源。通常是指具体作业人员素质不高、责任心不强、业务能力不达标而产生的安全风险，表现在具体的工程项目中就是由于施工人员，在具体作业过程中有意识或无意识的行为，主观或客观造成了对安全生产的隐患或风险。例如，由于个别工人在搭设脚手架时没有紧固到位，就会产生大面积的脚手架坍塌而造成巨大的损失；在混凝土施工时由于个别工人责任心不强、搅拌不够充分，会造成完成后的混凝土构件产生空洞，甚至开裂，而不能满足强度要求，造成损失，严重的会使整个混凝土结构倒塌，造成人员、设备、机械等巨大损失。所有这些由于人员构成原因而产生的安全风险就是人员构成原因安全风险源。

3. 其他原因安全风险源

在工程项目实施过程中，除了自然环境原因和人员构成原因产生的安全风险源和造成安全风险之外，还有很多其他原因会造成安全风险、会直接或间接地成为安全风险源。这种原因非常多，也具有很大的不确定性，通常是指除了自然环境原因和人员构成原因所产生的风险源之外的其他各种因素所产生的风险源。例如，由于管理制度漏洞，造成安全风险管理过程中存在的隐患没有监控到位，导致隐患演变成风险甚至是事故。由于地方法律法规与现场实际情况存在较大不适宜性，而致使工程项目中的潜在安全隐患和风险没有得到及时监控和处理，导致风险进一步扩大，隐患放大成了事故，此种情况也屡见不鲜。凡此种种，由于非自然和人员因素造成的风险统称为其他风险。

## 3.2 移动式门架设计

基于现场普遍存在的复杂工况，针对桥梁骑行铁路段的盖梁施工存在的现实问题，提出承重主梁两侧旋转弯折，中间承重主梁下设置走行支腿运输主梁及支架的方案，称之为盖梁现浇施工"可调式移动门架"，简称"移动门架"。

### 3.2.1 移动门架设计重点难点

（1）主梁旋转弯折：主梁弯折需≥90°，主梁弯折后固定段主梁与调节段主梁的组合宽度应能在两个墩柱间通过。

（2）移动门架支腿弯道行走：当桥梁设计存在曲线段，移动门架走行轨按照既有火车轨道偏移所得。

（3）主梁就位：桥位在进入、离开既有铁路线，承重主梁与盖梁存在夹角，移动门架一侧支腿走行至墩柱中心线时，另一侧无法就位，需特殊设计。

### 3.2.2 行走支腿设计

走行支腿由基础及轨道、顶升系统、门架支腿、支腿顶部转盘四部分组成。

1. 基础及轨道

采用管桩基础，管桩间距3m，直径610mm，壁厚10mm，长9m；管桩顶面凹槽内为双拼 32b 工字钢轨道走行梁。采用 P43 钢轨（图 3.2-1）。轨道、走行梁及管桩，施工时采用拆后补前的方式。

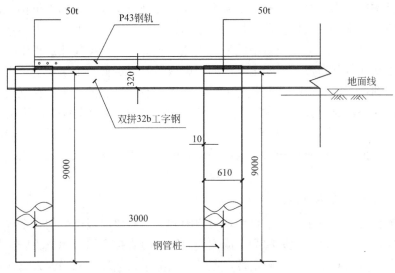

图 3.2-1 轨道及基础设计图

2. 轨道定位设计

1) 桥梁设计线偏移

为保证移动门架顺利地在墩柱间通行，桥梁设计线与现有铁路线基本平行段落以桥梁设计线偏移所得，此种工况，承重主梁与盖梁平行，主梁能顺利就位。

2) 铁路轨道偏移

桥梁进入、离开铁路线以及桥梁平曲线段以铁路最外侧轨道线为基准向两侧偏移得到。此种工况，承重主梁与盖梁不平行，主梁与盖梁之间的最大角度为 5.0°，需采取措施主梁方能顺利就位。轨道顶高程与现有铁路轨道顶高程相同。

3. 走行支腿

采用梯形桁架结构，均为刚性支腿，支腿高 8m、13m，纵向轮间距 6.9m；8m 支腿主桁架采用直径 273mm 钢管，壁厚 10mm；13m 支腿主桁架采用直径 355mm 钢管，壁厚 10mm；支腿底部连系梁采用双拼 32 号槽钢（图 3.2-2）。

1) 支腿高度选择

根据铁路轨顶至设计盖梁底的净空，考虑移动门架主梁顶部盘扣支架在走行过程中的稳定性及支架高宽比等规范要求，拟定盘扣支架组合高度≤5m。因此走行门架支腿高度取 8m、13m 两种。

2) 支腿宽度选择

现有铁路线为双行线，满外宽 6.44m，施工安全距离距铁路线最外侧铁轨≥2.1m；主梁调节段旋转 90°后支腿中心线距主梁端部长 4.4m；考虑门型墩柱内侧与走行支腿之间施工通道设置，移动门架轨道间距取 12.25m。

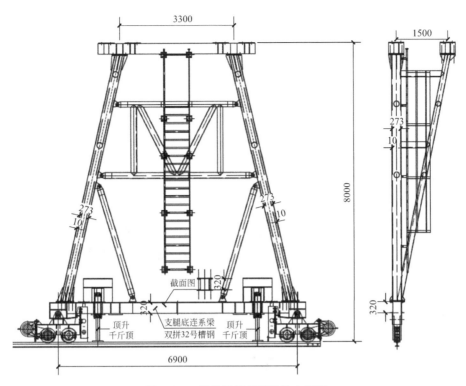

图 3.2-2　移动门架支腿设计立面图

3）支腿动力系统

第二个段落移动门架轨道在平曲线上，为了适应门型支架曲线弯道行驶，走行电机采用变频器控制，通过调整变频器参数控制两侧支腿的走行速度以适应弯道行驶。

4. 支腿顶升系统

移动门架支腿底部连系梁为双拼背对背 32 号槽钢，中间设 50t 液压顶升千斤顶，便于支腿顶升，顶升最大高度 100cm，使主梁高于钢管柱支架顶部牛腿的 MEG 滑板，调直并固定主梁；下落千斤顶使主梁落在滑板上（图 3.2-3）。

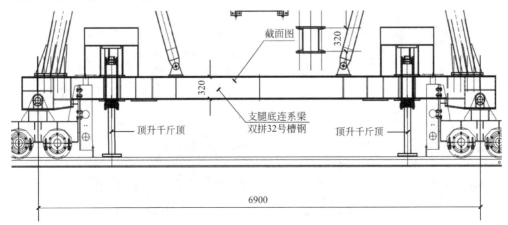

图 3.2-3　支腿底部顶升机构

### 3.2.3 承重主梁

设置在墩柱前后两侧,共 2 根,两主梁之间设桁架连系梁,采用箱形结构,断面尺寸为 110cm×200cm。图 3.2-4 为主梁节段间连接设计。

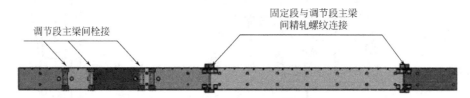

图 3.2-4　主梁节段间连接设计

主梁分中间固定段、左侧调节段、右侧调节段三部分,调节段主梁与固定段主梁采用铰接,旋转结构,节段间设转轴,采用精轧螺纹连接固定,调节段主梁接长采用栓接结构。图 3.2-5 为主梁精轧螺纹连接接头端面。液压千斤顶实现旋转(≥90°);中间固定段长 18.2m,下设行走支腿及走行机构;两侧调节段长度根据盖梁长度增长或缩短。图 3.2-6 为主梁螺栓连接接头截面,图 3.2-7 为主梁精轧螺纹连接接头截面。

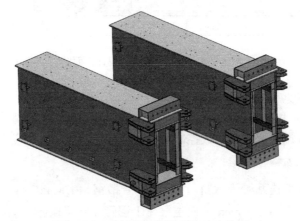

图 3.2-5　主梁精轧螺纹连接接头端面

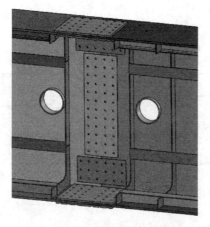

图 3.2-6　主梁螺栓连接接头截面

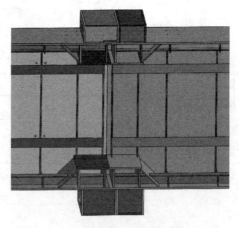

图 3.2-7　主梁精轧螺纹连接接头截面

### 3.2.4 主梁支撑钢管柱支架

**1. 工况一**

墩柱中心跨径≤31m时，设置2排4根管柱；设置于左、右墩柱前后两侧的承台顶面，直径610mm，壁厚12mm。柱顶设栓接牛腿梁，牛腿梁顶面设MEG滑板。两钢管柱及柱顶牛腿梁采用精轧螺纹对拉固定于墩柱上（图3.2-8～图3.2-10）。

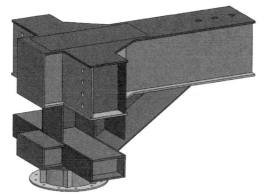

图3.2-8 柱顶牛腿梁

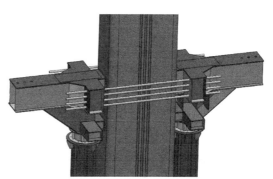

图3.2-9 牛腿梁之间精轧螺纹对拉固定

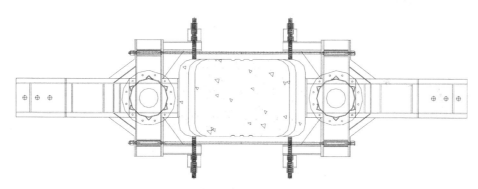

图3.2-10 管柱支撑与墩柱固定示意图

**2. 工况二**

墩柱中心跨径＞31m时，墩柱前后两侧分别设置两根钢管，并在支腿与墩柱之间空间较大的一侧设置第3排管柱（图3.2-11），第3排管桩采用双桩＋承台基础，桩径1m，桩长15m。

移动门架主梁第3排钢管柱支撑位置为移动门架的安装位置，需提前施工桩基及承台，并将钢管柱牢靠固定于承台上。

### 3.2.5 盘扣支架

主梁之上设置HW255盘扣支架纵向垫梁，垫梁长12m，间距0.9m，H型钢上部设盘扣支架，横向步距0.9m×0.9m，竖向步距1.5m。竖向组合高度根据盖梁底面至主梁

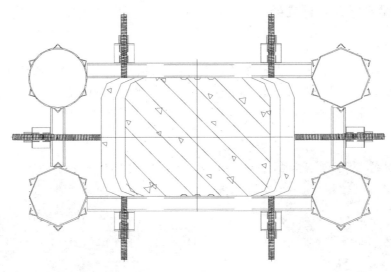

图 3.2-11　管柱与墩柱间固定设计图

顶面的净距配置盘扣支架及可调顶托，为保证移动门架走行过程中盘扣架体的稳定性，底托焊接于纵向垫梁顶面。

## 3.3　施工监控技术

### 3.3.1　桥梁施工监控

在工程项目中，不论是设计方案还是施工方案都是在理想状态下设计的，与项目实际情况存在一定的差距。施工监控就是通过一系列措施确保所建桥梁结构能够满足设计要求，确保桥梁结构在施工各阶段中局部和整体稳定，从而达到安全施工。

1. 施工监控目的

施工监控的目的就是通过在施工过程中对桥梁结构进行实时监测，根据监测结果，评估各主要施工阶段拱肋等主要构件的变形及材料应力变化状态是否符合设计要求，判断施工过程是否安全，结构是否正常工作；而当出现较大误差时，应对结构进行误差调整，并对设计的施工过程进行重新安排，从而保证项目建成时最大可能地接近理想设计状态，同时也确保施工期间的结构安全、施工质量和施工工期。

2. 施工监控内容

桥梁施工过程中需要考虑的因素有很多，施工监控的内容与桥梁施工方案、主要材料、结构类型等因素有关，但总体来看，主要包括以下几方面：

1）线形监控

因为混凝土材料的原因，结构会产生收缩徐变，并且受自重、施工临时荷载、环境温度等因素影响会产生变形。随着施工的进行，变形不断累积，会使桥梁立面标高、平面位置、轴线偏转等偏离设计标准。所以在桥梁施工过程中，必须对主梁截面进行实时跟踪监控，发现偏差，分析原因，及时调整下一段施工，把误差控制在允许范围内。

2）应力监控

桥梁应力问题对于桥梁施工至关重要，主要包括混凝土应力问题、钢筋应力问题、钢结构应力问题。然而桥梁结构所处的应力状态不像几何状态那样直观可见，一旦控制不利，就会导致结构发生破坏，所以应力监控的好坏直接影响桥梁结构的安全。

3）稳定监控

影响结构安全的另一方面就是结构稳定性。如工程中经常采用削减截面的方法来减轻自重，但这样也会导致结构整体下降，影响结构的稳定性能。监控结构稳定性主要是通过监控结构位移和结构内力实现的。

4）安全监控

安全监控是一种综合监控，包括上述的线形监控、应力监控、稳定监控。一套完整的安全监控系统可以降低荷载效应、疲劳效应、材料老化等不利影响，随时掌握桥梁的安全状态，为后续维护提供可靠的理论指导。图 3.3-1 为施工监控结构图。

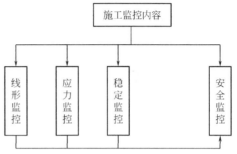

图 3.3-1  施工监控结构图

## 3.3.2 施工设备监控

在桥梁建设中，大型设备往往承担着重要的建筑任务，所以这些大型设备一旦出现问题，就会对工程造成重大打击。尤其是在跨铁路线的桥梁建设中，设备问题势必会对铁路线运营的安全性造成影响，这就意味着比普通工程更大的损失。为了防止由于设备问题造成工程的重大事故，对施工设备的工作状态进行监控是很有必要的。对设备的监控可以分为两个方面，一方面是设备薄弱部位的应力监控；另一方面是对设备运行时的速度、位置等直观方面进行监控，对直接危害做出识别，以防止突发状况的发生。下面介绍几种常用监控方法：

1. 实时定位系统

对参与施工与可能参与施工的设备进行信息化标记，利用这些标记采集回来的信息跟严格核验过的施工方案等安全性较高的信息进行比对，可以识别出施工过程中潜在的安全隐患。KTm 等人利用实时跟踪系统（RFTD）监控工人的运动轨迹，通过与大数据采集的安全轨迹进行比对来进行危险识别。虽然这种方法还具有一定的缺陷，但对提高施工的安全性还是很有帮助的。可以借助这项研究成果加以改进，来对施工设备的工作状态进行监控。

2. 传感器

传感器可以将被测量的信息按一定规律变换成电信号或其他所需形式的信息输出，相当于人类感官扩大器。如在设备组装的关键插销、螺栓等部位安装光敏传感器或压力传感器，通过光线或力来监控这些构件的安装状态，插销安装到位与安装不到位时，销孔中的光线或者孔壁的受力状态肯定是不一样的，通过这些物理元素就可以直观地监控到设备的安全性，使设备不再只依赖于工人的肉眼检测，大大增加了检测的可靠性。图 3.3-2 为光敏传感器，图 3.3-3 为热敏传感器。

图 3.3-2  光敏传感器　　　　　　　　图 3.3-3  热敏传感器

### 3. 二维摄像机

大型设备工作时需要人员在现场一起执行建筑任务，这些工人的作用一般是观察设备的运行状态（例如运梁时观察运梁车与架桥机的距离）。在发生事故的情况下，接近拥挤工作区域的重型设备比在宽敞区域接近工人的重型设备更有可能造成事故。同样，如果工人站在施工设备的盲区内，那么工人和设备越接近危险就越高。二维摄像机可以作为工人的眼睛出现在施工现场，对一些主要部位进行实时监控（例如梁与支腿的距离），防止各种机械动态过程中在视野盲区发生碰撞。若是监测到事故隐患，远程指挥岗位的工程师或专家通过影像信息可以直观地了解到现场情况，更快地提出解决方案。同时，这些二维摄像机也可以作为监控设备出现在施工现场，实时追踪工人的状态，来对工人进行基于人体工程学的危险评估。

### 4. 应力温度监测，智能弦式应变传感器（表面式应变计）

JMZX—212HAT 表面智能数码弦式应变计广泛应用于桥梁、建筑、铁路、交通等工程领域的混凝土及钢结构的应力应变测量，以充分了解被测构件的受力状态。

采用振弦理论设计制造，振弦两端采用焊接锚固，振弦内置张力结构，安装方便，且对安装座无剪力要求，固定更可靠。具有高灵敏度、高精度、高稳定性的优点，适于长期观测。弦式传感器内置高性能激振器，采用脉冲激振方式，具有测试速度快、振弦振动稳定可靠、频率信号长距离传输不失真、抗干扰能力强等特点。

### 5. 静力水准仪

JMDL—62XX 系列智能数码静力水准仪广泛应用于路面的线形沉降以及桥梁挠度的精密测量。采用电感调频原理设计制造，具有高灵敏度、高精度、高稳定性、温度影响小的优点，适用于长期观测。静力水准仪是由多个精密液位计组成，通过连通管将所有液位计的液面连通，测量各液位计相对基点的垂直向变形情况。内置智能检测电路，由 485 总线直接输出数字测值，可远距离传输不失真，适应自动化测量。图 3.3-4 为静力水准仪图。

图 3.3-4　静力水准仪图

### 6. JMJK—Ⅱ型总线控制模块

JMJK—Ⅱ型总线控制模块是一种采集总线型传感器或总线型设备的自动化采集模块，完成总线型设备的自动化测量。配接的主要设备有位移计、测缝计、量水堰仪、静力水准仪、引张线仪、索力拾振模块等总线型传感器及设备。模块内置时钟及存储芯片，可用上位机软件对模块进行自动测量设置，模块根据所设参数自动采集传感器数据并保存于模块内。图 3.3-5 为 JMJK—Ⅱ型总线控制模块图。

图 3.3-5　JMJK—Ⅱ型总线控制模块图

### 3.3.3　施工现场监控

#### 1. 施工现场安全监控

施工现场立体交叉作业多，建筑产品结构复杂，临时员工多，人员管理难度大，是事故多发的场所；而由于监管难度大，工地上的劳务人员稍不留神就可能发生安全事故；工地现有监控难以实现日益增长的需求，管理人员不可能 7×24h 盯着监控，在安全监管中容易出现疲惫，注意力不可能时刻集中。但是在实际施工过程中，因各种如管理人员监管不到位、劳务人员不重视等原因，现场会出现不戴安全帽、不系安全带、不穿反光衣、抽烟、玩手机、睡岗离岗等情况。施工现场安全监控对施工区域内的不戴安全帽、不系安全带、不穿反光衣、抽烟、玩手机、睡岗离岗等不安全行为进行监测，当监测到不安全行为时主动触发告警，避免因不安全施工行为造成的安全事故发生，有效解决施工区域事故多发的难题。

施工现场安全监控通过安装在施工作业现场的各类监控装置，构建智能监控和防范体系，能有效弥补传统方法和技术在监管中的缺陷，实现对人、机、物、料、法、环的全方位实时监控，变被动"监督"为主动"监控"，真正做到事前预警，事中常态检测，事后规范管理，将施工区域安全生产做到智能化管理。

2. 施工现场环境监控

施工项目的环境监测就是通过对影响环境质量因素的代表值的测定，确定施工现场环境质量（或污染程度）及其变化趋势，判断施工项目的环境质量。仅对某一污染物进行某一地点、某一时刻的分析测定还不够，必须对各种有关污染因素、环境因素在一定范围、时间、空间内进行测定，分析其综合测定数据，才能对环境质量做出确切评价。

施工项目环境监测过程一般为：施工现场和周边区域环境调查→监测计划设计→优化布点→样品采集→运送保存→分析测试→数据处理→综合评价等。监测旨在收集本底数据，积累监测资料，为项目实现环境目标、提高环境绩效提供数据。旨在根据施工现场污染分布追寻污染源，为实施监督管理，预防污染。

环境监控过程中对主要污染的控制：

1）大气污染的控制

相关部门要对不同区域的大气质量进行综合考虑，提出相应的要求。例如城区要求有较高的控制质量，空旷地区需要保持自然质量；对于车间内部，可以适当降低对空气质量的要求，但是在不损害周围居民和工作人员健康的基础上适当控制空气污染。划分大气污染不但要有局部性，而且要有地区性。其中，烟（粉）尘和气态污染物净化技术、高烟囱烟气排放技术和洁净燃烧技术都是控制大气污染的有效方法。

2）噪声污染的控制

生产运行设备和交通工具是噪声污染的主要来源。目前有4种噪声污染控制的方法：一是对城乡建设规划科学统筹进行，对使用土地功能分区进行明确，对城市功能区建设进行合理安排布局，防止环境噪声污染的产生；二是从传播途径上降低噪声，主要目的是实现以噪声敏感目标的达标，可以将消声、隔声和吸声设施增设在声源和敏感目标之间，同时利用建筑物或天然地形对噪声进行遮挡和屏蔽，使噪声得到有效降低；三是从声源上降低噪声，所选用的设备要具有低噪声的性能，使设备的运行状态始终保持良好，减少非正常运行噪声的出现；四是环境敏感目标与相应环境标准要求不符合时，需要对保护对象采取有效措施进行降噪。

3）水体污染的控制

控制水体污染主要是通过相应的方式使水质维持自然状态，从而与饮用水的标准相符合，能够存活水生生物，能够在农业灌溉工作中使用，可被应用于水上活动，如游泳、漂流等。与此同时，自然状态的水质能够在工业生产中进行使用，减少水源不洁的情况。工业废水污染的控制分为化学法、生物法、物理法和物理化学法4种方法。

4）固体废物的处置

固体废物的处理能够通过填埋、焚烧和加工利用几种方法进行。另外还需要进一步处理焚烧后的灰烬。在处置固体废物时需要较高的投入成本，为了最大限度地降低对环境的污染影响，一般使用的处置方式为垃圾填埋。

## 3.4 基于物联网与大数据智能监控的大型 T 梁运输安全控制

车辆行驶状态、行驶路线状态、驾驶人员状态、预制梁固定状态等，都是会对运输安全产生影响的因素，但是这些因素不是一成不变的，它们的变化规律难以预测，难以用文字进行总结。通过一些研究，学者们发现前面所列出的影响因素，自身也是受自身以外的因素影响的，并且它们都具有不确定性。基于这种难以预测的不确定性，学者们提出了通过智能监控这些状态来及时把握并进行分析预测来保障运输过程的安全。这里通过两种方式，对运输过程的状态进行智能监控：运输设备信息化标记处理和运输设备行驶全过程监测。

### 3.4.1 运输设备信息化处理

1. 运输设备信息化标记

在信息时代，传统交通运输管理模式已经无法适应交通行业的安全发展需求，而对于大型预制梁的运输而言，其对安全的要求又会更为严格，引入信息化技术进行运输管理能够很好地解决这个问题。

对运输设备在运输过程中的状态数据（车辆行驶状态、行驶路线状态、驾驶人员状态、预制梁固定状态等）初步分析得出，其主要是以非结构化数据为主，因此在预制梁运输过程中对运输设备进行信息化标记，可以紧密融入大数据技术，以达到更好的效果。从基本定义来讲，大数据技术是继信息技术的新发展成果，该技术具备海量数据规模和巨大的数据价值，能够实现数据信息的高速流转，呈现多样化数据类型，保存海量数据信息。对运输设备进行信息化标记，就可以通过把运输设备的状态进行数据化，以数据的形式从运输设备端传送出去。通过充分利用最为先进的传感设备与高质量的信息整合计算能力深度挖掘并整合分析和解译运输设备的实时状态数据信息，通过信息分析与解译做出正确的判断，并制定最为科学的决策方案。这就需要构建运输设备信息管理平台，以实现数据存储、数据处理、数据分析。其次，须紧密促进物联网技术和运输设备信息管理平台的紧密结合。从宏观层次来看，物联网层次结构主要分为 3 层，分别是应用层、网络层和感知层。其中，应用层的主要功能是智能应用功能、环境监测功能、工业监控功能；网络层的三大功能是信息识别功能、信息转换功能和通信网络功能；感知层是具备传感器技术功能和短距离传输网络功能。在信息时代，全球都在用物联网技术来交流信息、完成各种通信活动。从技术集成角度来看，物联网这种集成技术融合了信息感知技术、信息识别技术、信息传递技术、信息分析技术和信息测控技术等优势。在运输设备信息管理平台运行中，物联网技术功能融合为一体能够及时收集、识别和分析信息，确保运输设备信息的安全传输与指导，实现运输设备的安全管理。图 3.4-1 为信息化平台功能图。

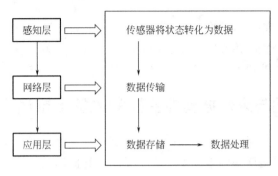

图 3.4-1 信息化平台功能图

例如青岛市交通运输公共服务中心（Transportation Public Service Center，TPSC）一期建设围绕提高行业的信息服务水平、跨业务协同水平、应急事件处置能力以及宏观管理和科学决策水平四大应用目标，搭建"大交通"综合信息平台基本环境和运行载体；其数据汇集以共享接入为主，根据数据属性和应用需求，搭建了基础数据库、主题数据库、应用数据库三大类数据库；TSPC 建成 1 个基础数据平台支撑体系和 4 个行业综合管理应用系统，基础数据平台由交通运输数据平台、地理信息平台、位置信息监控平台、视频图像平台 4 个平台组成，行业综合管理应用系统包含监测预警与协调联动系统、安全监督与应急处置系统、行业监管与决策支持系统、综合交通信息服务系统 4 个子系统。

2. SaaS 模式

传统模式下的信息化平台搭建，基于正常使用的需求，平台的使用方都需要购买整套软件以及网络设备（包括服务器、路由器等），并把软件部署到自己的服务器上，一次性支出一大笔费用。通常这些软件还需要不断维护和升级，每年还得支付一定比例的运维费用。如果软件使用出现了问题，很可能还需要软件方单独进行维修，不仅耗时，而且成本高昂。高架桥的预制梁运输的工期，相对于一整套信息平台所需设备的使用周期而言是很短的，其支出与收入不成正比，因而，传统模式下搭建的信息化平台要想在工程中使用，是难以被接受的。但是，基于预制梁运输过程中的安全需要，对运输设备进行信息化标记处理又是必须的，通过研究，发现基于 SaaS（Software-as-a-service，软件即服务）模式搭建的信息化平台能够比较好地满足成本、安全需求。

根据对 SaaS 模式的分析，模式主要有以下关键技术：

1) 多租户技术

多租户技术是模式最主要的特点，同时也是模式与传统软件开发模式最本质的区别。在传统的软件模式中，软件一般是针对单个用户单独定制开发的。因此，相应的业务数据也就是针对一个用户使用的。当另外再有用户需要这个软件时，就会针对另外的用户需求来单独定制开发存储业务数据。而在模式中，一个软件是提供给多个租户使用的，所有多个租户的数据也统一存储，因此各个租户之间的数据必须进行逻辑上的隔离存储，从而保证租户的数据和隐私不被泄漏。所以需要在业务表上增加一个用来区分不同租户信息的字段。

2) 数据扩展技术

对于不同的租户，业务需求也不相同，系统需要存储的业务信息名称和内容各不相同。因此需要对每个用户的数据进行扩展。在传统模式中，针对每个用户是单独进行部署不同的应用实例，所以用户可以定制自己不同的实例来增加自己需要的扩展数据。在模式中，若有用户需要数据扩展时，可通过预分配字段、名称值对和基于字段扩展等多种方法来实现。预分配字段在每张数据表中都添加固定字段来实现可扩展性，这样破坏了表的结构；名称值对是需要另外建立多租户管理表、相应租户字段表以及业务扩展表，通过三张表的相互关联和结合来实现多个租户的扩展需求。这样既可保持现有的业务数据表结构，又提高了资源的利用率。字段扩展将与数据库相结合的方案，在不改变原有数据表结构的基础上实现数据的扩展，使用方便。

3) 配置性技术

模式是按照使用服务的多少、选择服务的质量和服务时间的长短进行收费的。所以服务模式需要实现功能可配置，让租户可以根据自己的需要购买相应的功能模块。要实现系统功能的可配置，首先需要针对整个系统的功能进行切分。根据原子性的原则，将系统切分成为一个个独立的、基本的、不重叠的原子功能。所有的原子功能进行叠加整合，就是整个系统能够提供的全部功能。当系统整体功能被切分为许多的原子功能后，租户就可以根据自己的业务需求和操作习惯，购买自己需要的原子功能进行组合，确定自己的功能模块。当然，租户可以按照自己选择的原子功能，来进行相应的付费。

4) 伸缩性技术

伸缩性是指系统规模在容量、性能、兼容性等方面的可扩展性。无论系统的规模是增大还是缩小，系统都可以简单地直接适用，而不需要对架构进行修改。在模式中，最理想的状态就是，随着租户数量的不断增加，系统只需要增加相应的硬件设施就可直接适用，系统的架构不需要调整。要实现系统可伸缩有以下两种方式：垂直扩展和水平扩展。垂直扩展方式实现简单，但是成本高昂，因此使用较少。水平扩展方式虽实现较复杂，但是成本较低，使用较为普遍。

SaaS 是一种基于互联网提供软件服务的应用模式，厂商将应用软件统一部署在自己的服务器上，客户可以根据自己的实际需求，通过互联网向厂商订购所需的应用软件服务，按订购的服务多少和时间长短向厂商支付费用，并通过互联网获得厂商提供的服务。用户无须再购买软件，而改用向提供商租用基于 Web 的软件，来管理企业经营活动，且无须对软件进行维护，服务提供商会全权管理和维护软件。有些软件厂商在向客户提供互联网应用的同时，也提供软件的离线操作和本地数据存储，让用户随时随地都可以使用其订购的软件和服务。对于许多小型企业来说，SaaS 是采用先进技术的最好途径，它免去了企业购买、构建和维护基础设施和应用程序的需要。

以软件应用为例，在最新的 SaaS 模式下，软件开发公司会先把标准化的产品部署到公有的（一般都是公有的）云服务器上，然后向企业推销，企业如果有需求，只需要"注册→付费→配置软件"后就可以使用了，不仅免去了自己部署、升级和维护软件的麻烦，还极大地压缩了等待时间。SaaS 产品提供的是 Web 界面，用户只要有一台终端设备，不管是手机、平板还是电脑，在世界各地都可以联网使用，就像访问网站一样随时访问自己的软件。企业购买 SaaS 软件以后并没有得到什么实物，得到的仅仅是对 SaaS 公司产品的使用权限。从这个角度看，SaaS 提供的不是产品，而是服务，企业购买的也不是产品，而是服务，所以说 SaaS 将销售软件变成了销售服务，也就是"软件即服务"。

在预制梁运输中，对运输设备进行信息化标记处理，通过 SaaS 模式搭建信息化平台（图 3.4-2)，实现运输过程中的状态信息化管理。以运输安全管理为主，解决车辆调度、在途跟踪、完成记录的信息流程，解决运输状态难以跟踪记录的问题，从而提高运输工程的工作效率，提升运输的安全性。

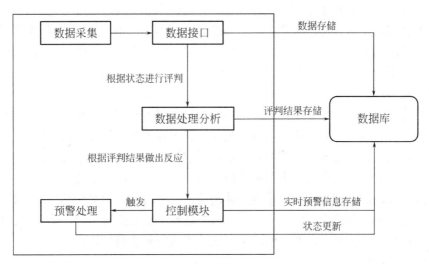

图 3.4-2　SaaS 模式解决方案

### 3.4.2　运输设备行驶全过程监测

#### 1. GPS 车辆监控系统

针对车辆的安全监控管理系统就是要解决如何在较大的区域范围对拥有的车辆实施对车辆的位置、状态等动态信息进行即时监控，及时处理车辆运营遇到的问题，提高有限资源的有效利用率，同时保障司机的人身安全，而 GPS 车辆监控系统在很大程度上可以达到上述效果。全球定位系统（简称 GPS）是车辆卫星定位监控的一个重要手段，它利用移动通信系统 GSM/GPRS 作为通信平台，采用计算机网络技术和无线数据传输技术，建立起现代化、智能化、数字化、一体化的定位监控调度平台，通过地理信息系统和综合调度管理软件对车辆进行实时监控、跟踪、调度和管理。GPS 监控系统在车辆管理中的应用则是利用了计算机网络技术构建起专门的移动数据平台，进而实现对车辆实时的跟踪、监控、调度，应用在车辆运输中，能够很好地提高运输安全性。GPS 监控系统由监控中心、车载终端和无线通信网络三部分构成。

车载终端主要用来确定载体的位置以及车辆的状态和报警状态。无线通信网络作为车载终端和监控中心沟通的媒介，完成终端和监控中心间信息的传递。监控中心是调度指挥系统的核心，是远程可视指挥和监控管理平台，对所有现场车辆监控，实现音视频双向交互指挥，监控中心的电子地图上就可以显示车辆所在的直观位置，并通过无线网络对车辆进行监控设置，例如通过配置云台，可以遥控车载前端摄像机；通过监控客户端（电脑、手机）实现车辆的监控和智能调度，做到随时随地监控和调度管理，提高车辆的利用效率；同时利用电子地图数据、分析处理功能服务等，进行车辆的精确定位、轨迹跟踪、控制调度、车辆最短路径分析和缓冲区分析等。

系统的工作原理：车载终端通过接收 GPS 卫星定位信号，解算车辆的当前位置和状态信息，经过加密，利用压缩技术经由通信系统发送至监控中心；监控中心接收发送的信息并进行解析和数据处理，获得准确的经纬度、时间、速度、方向、车辆状态及报警等信息，保存到数据库中，再通过地理信息系统在电子地图上显示车辆的位置、状态和运行轨迹。另外，监控中心也可以给车载终端发送控制指令（重启、熄火、设置返回时长等），控制车辆的状态，监控中心还可以查询车辆的运行状态，管理车辆，自动生成统计图和报表等，为用户提供更好的服务。图 3.4-3 为 GPS 车辆监控系统工作原理。

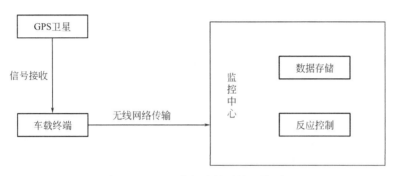

图 3.4-3　GPS 车辆监控系统工作原理

## 2. 运输设备行驶全过程监测研究

在预制梁的运输设备行驶过程中，为了确保安全，需要监测其行驶全过程的安全状态，来防止意外事件的发生。通常情况下，需要监测的状态数据包括车辆行驶状态、行驶路线状态、驾驶人员状态、预制梁固定状态等。

监测系统架构分为三部分：车载数据采集端、无线通信网络以及监测中心，在结构上与 GPS 车辆监控系统相似度很高，但是体现到具体功能应用时，针对预制梁运输的驾驶全过程监测系统很明显功能更齐全（图 3.4-4）。除了车载数据采集端功能放大之外，监测中心的系统应用性功能覆盖面也更加广泛。当采集数据通过无线通信网络传输到监测中心时，首先会被存储，然后处理分析数据，通过分析结果判定所采集数据的状态是否处于安全状态。

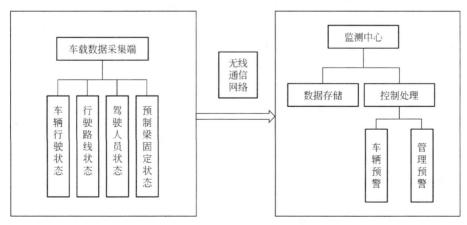

图 3.4-4　驾驶全过程监测系统结构图

针对车辆数据采集端，这里采用的是基于 GPS 系统进行功能模块融合的。车辆行驶状态和行驶路线状态的数据，可以通过 GPS 车辆监控系统进行。驾驶人员状态指的是驾驶人员的健康状态、疲劳驾驶，通过驾驶行为监测终端（DSM）可以实现状态数据的采集与传输。针对预制梁固定状态可以根据预制梁的固定方案，通过位移传感器进行非固定状态预警。相对于广义上的 GPS 车辆监控系统，应用于预制梁运输设备的驾驶全过程监测系统的功能会多一点，这就要求车载数据采集端更加地综合化。图 3.4-5 为车辆数据采集端功能示范图。

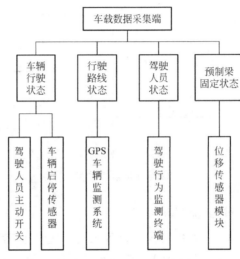

图 3.4-5 车辆数据采集端功能示范图

对于监测中心的处理模块，这里以预警功能为主，分为车辆预警和管理预警。车辆预警实现途径为：监测中心判定状态所处安全状态，如超过安全状态阈值，直接向驾驶人员进行预警，要求暂停运输。管理预警实现途径为：监测中心向工程安全管理人员传递讯息，管理人员根据工程安全管理规范进行防范化解工程风险措施处理。图 3.4-6 为控制中心预警流程图。

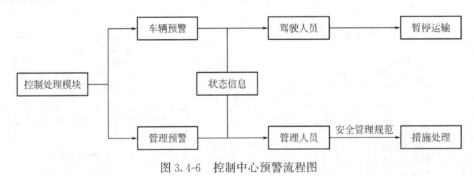

图 3.4-6 控制中心预警流程图

### 3.4.3 运输路径规划

目前我国大多数大型预制梁场是为匹配公路或高铁桥梁项目而建，在预制梁运输方面具有运输距离较短和运输环境恶劣的特点，梁场管理者根本无须考虑运输路径如何选择的问题，需要考虑的只是运输过程预制梁防护问题，因此预制梁运输方面存在的难点并不多，相关研究也比较少。但是，目前正兴起的城市高架桥短线拼装预制梁场与以上情况却是截然不同的，城市预制梁场具有运输距离较远、运输环境较好、运输路径错综复杂和交通影响较大的特点，此时城市预制梁场的预制梁运输应注重于运输路径选择问题，而无须考虑运输过程预制梁防护问题。针对此种跨城区"大构件"运输方式，原有常见方法大多是根据自身经验选择，并通过后期不断的路况勘察，在没有理论支持的情况下，结合评审专家给出的意见，自行摸索出几条合适的路线。这种运输路线选择的方式存在费时费力和安全性、经济性、可操作性难以得到保证的问题。现在急需一种能将运输路线选择过程进行理论化、具体化的方法。建立数学模型，通过数学算法将问题数据化，是目前解决工程问题的常用方法。本章便使用建立数学模型的方法解决该问题，利用数学算法将运输路径选择问题理论化和数据化，提出一种适用于城市快速道路工程预制梁场的预制梁城市道路运输路径选择的优化方法。

1. 预制梁城市道路运输的影响因素分析

在我国颁布的《道路大型物件运输管理办法》中有明确规定，道路运输货物符合下列条件之一者，便可定义为大型物件：(1)货物外形尺寸：长度在14m以上或宽度在3.5m以上或高度在3m以上的货物；(2)重量在20t以上的单体货物或不可解体的成组（捆）货物。根据对众多预制梁场的调查研究，预制梁尺寸与重量皆符合以上两个条件，应该被定义为大型物件，所以预制梁城市道路运输问题就是一个大型物件城市道路运输问题。在过去的研究中，大型物件城市道路运输问题虽鲜有提及，但是"大型物件公路运输"问题在交通运输组织方面却是一个热门问题。本节将结合大型物件公路运输问题的研究内容，对预制梁在城市道路运输过程中所受影响因素进行分析。根据对大型物件公路运输的研究，其一般存在四个影响因素，分别为：

1) 技术性因素

装载大型物件的运输车辆在运输途中，因自身尺寸和重量的影响，会受到非常多的限制，主要存在净空限制、路面限制和行政管理限制。其中净空限制为路途中桥涵隧道、道路宽度和收费站等对净高和净宽两方面的限制；路面限制为所选路径在道路曲线半径、坡度和桥涵承载力方面的限制；行政管理限制为当地管理条例对大型物件货物运输线方面的限制。

2) 安全性因素

大型物件一般具有尺寸订做、成本高和作用性大的特点，在大型物件运输过程中，必须要确保运输安全，既要保证路线条件对货物运输的安全，确保物件不受损；又要保证人、车、路的安全。

3) 经济性因素

大型物件的运输费用是非常重要的一个影响因素，对运输路线的选择起着决定性的作用，一般包括汽运费、道路补偿费、技术咨询费和其他相关费用。

4) 时效性因素

大型物件运输的时间消耗同样是非常重要的一个影响因素，需要满足工程工期的要求，受路径里程和道路通行条件影响较大，一般可分为行驶时间、停留时间和装卸整修等作业时间。其中技术性因素为硬性因素，在运输可行路径的选择过程中起着决定性作用，且易于量化,而安全性因素、经济性因素和时效性因素属于弹性因素,对应着运输路径的优劣性,影响了最终运输路径方案的确定,且不易于量化。以上便是对公路运输影响因素的总结,而预制梁城市道路运输与公路运输都属于道路运输,同样受到这些影响因素的影响。但不同的是,城市道路运输与公路运输相比,在有些方面有着更严格的要求,而有些方面因运输环境的不同可不进行考虑。在分析预制梁城市道路运输的影响因素前,还须了解几个相关的假定:

假定一:预制梁在运输前,实施了非常严格的安全防护措施,因此在运输过程中可不考虑预制梁受损的情况发生。

假定二:在选择运输路线时,预制梁运输费用只与汽运费相关,其他费用视为固定费用,不受路线变化影响,不予考虑。

假定三:预制梁城市道路运输时间为夜间22:00至次日6:30,运输过程受车、人流量影响较小,除必须减速和停留的路段外,其余路段皆按规定无障碍匀速行驶。

根据以上三个假定,结合预制梁城市道路运输的实际情况,可将其影响因素总结如下:

1) 技术性因素

预制梁城市道路运输在技术性因素方面,同大型物件公路运输一样,受净空限制、路面限制和行政管理限制三方面的影响。净空限制主要包括:净高限制、净宽限制;路面限制主要包括:道路曲线半径限制、道路坡度限制;行政管理包括:当地市政管理条例对大型物件货物运输车辆限制进入的区域。这些限制将直接影响着预制梁城市道路运输路网中的路段是否可通行。

2) 安全性因素

大型物件在城市道路中运输时,因城区车流量和人流量都远远高于公路运输环境,且存在路过学校、医院等人员密集区域,所以必须重点考虑运输途中预制梁装载车辆周围的人、车、路的安全。但又因预制梁城市道路运输时间为夜间22:00至次日6:30,可在做好车辆夜间行驶警示的前提下,降低车流量对运输车辆的影响,主要考虑人和路两方面的影响。对人的安全影响方面主要指对人群密集处的安全影响。包括:行政机关、学校、医院以及城区十字路口等重点区域,除此外,还应该注意到一些常见夜间人流量聚集区,如大型商圈、活动广场和夜市等。对路的安全影响方面主要指对桥涵隧道的安全影响。城区的桥涵隧道,因使用时间参差不齐,应该根据实际勘察结果对运输途中的所有桥涵隧道进行评级。需要注意的是,涵洞根据实际工程受力研究,因为涵洞跨径大、高填土,且通行的挂车为多轴荷载,轴距一般达到了1.5m,作用于涵洞身上的轴载不大,对通行能力的影响不大,适当维修加固和预先铺垫一定厚度的钢板即可,可适当降低涵洞的评级。

需要注意的是,城市道路运输与公路运输不同,运输过程中安全隐患远多于公路运输,且与技术性因素一样,直接影响着路网中的某些路段是否可通行,所以在预制梁城市道路运输最优路径选择的过程中,必须将安全性因素归为硬性约束,在运输可行路径的选择过程中起着决定性作用。

3) 经济性因素

根据假定二,预制梁城市道路运输过程中只产生汽运费,无其他费用产生,因此预制梁城市道路运输的经济性因素只与汽运费有关,对于运输途中汽运费的产生,结合实际可知,与运输时间和行驶距离相关。根据公路运输中对运输时间的定义,可知运输时间应分为匀速行驶时间、非匀速行驶、停留时间以及装卸整修等其他时间。其中装卸整修等其他时间同样可视为固定时间不随路线的变化而变化,不予考虑,而匀速行驶时间根据假定三中匀速行驶的规定,只与行驶距离和行驶速度相关,因此,汽运费可看作只受运输时间的影响。所以,应把时效性因素整合至经济性因素中,即经济性因素受运输时间的影响,运输时间包括行驶时间和停留时间。综上所述,在预制梁城市道路运输最优路径的选择过程中,应先结合实际问题,根据技术性因素和安全性因素两种硬性约束,确定路网是否存在必须经过的地点和必须禁止通行的地点,在相应城市道路运输路网中进行筛选,接着再利用经济性因素对筛选结果进行进一步选择,最终选择出一条最优运输路径。

2. 预制梁城市道路运输约束条件的确定

根据预制梁城市道路运输影响因素的分析,结合大型构件在城市道路中的运输情况,可确定预制梁城市道路运输约束条件如下所示:

1) 技术性约束

指技术性影响因素下的约束条件,通过约束的设置,可直接对运输路网中所有路段进行筛选,判断出哪些路段不具备通行能力,继而对其作出"禁止通行"的决定。预制梁城市道路运输的硬性约束包括以下四项:

(1) 净高约束。

假设运输车辆装载预制梁后,车辆高度(含预制梁钢筋)为 $H$,需要对运输路网内的桥涵隧道限高、道路低空障碍等对净高有限制的路段进行实测,确保 $H$ 小于限制,且留有一定富余空间,一般不得小于 0.1m。若 $H$ 不能符合约束要求,则应将该路段从路网中去除,路径选择时不予考虑。

(2) 净宽约束。

假设运输车辆装载预制梁后,车辆宽度为 $W$,需要对运输路网内的桥涵隧道和运输道路的宽度进行调查汇总,确保 $W$ 小于限制。若 $W$ 不能符合约束要求,则应将该路段从路网中去除,路径选择时不予考虑。

(3) 转弯半径约束。

假设运输车辆装载预制梁后,车辆的内侧转弯半径为 $R_1$、外侧转弯半径为 $R_2$,需要对运输路网内弯道路口的内外侧转弯半径进行调查汇总,确保 $R_1$ 和 $R_2$ 小于限制。若 $R_1$ 和 $R_2$ 不能符合约束要求,则应将该路段从路网中去除,路径选择时不予考虑。

(4) 行政管理约束。

除以上三项约束外,还需了解当地市政管理条例,确定哪些路段属于大型物件货物运输车辆不得进入的路段,若存在管理条例禁止通行路段,则应将该路段从路网中去除,路径选择时不予考虑。此四项约束属于技术性约束,是一种定量约束,意味着可寻求相关交通部门获取相关信息,并在其协助下作出判断,列出预制梁城市道路运输路网中的"禁止通行"路段。

2) 安全性约束

根据假定二,在运输过程中可不考虑预制梁受损的情况发生,因此预制梁城市道路运输的安全性主要与交通运输安全相关。因此,在预制梁城市道路运输过程中,安全性约束显得格外重要,一旦考虑不周全,很有可能造成巨大的交通安全事故,所以在运输路径选择前必须弄清楚路网中存在安全隐患的路段,并对其进行分析。因为,运输车辆在夜间 22：00 至次日清晨 6：30 内行驶,故可不考虑交通运输安全中不同等级城市道路车流量对安全性的影响,对于运输路径安全性,我们一般考虑城市道路人员密集区域和桥涵隧道两类重要路段对预制梁城市道路运输安全性的约束。

(1) 人员密集区域。

主要包括行政机关、学校、医院和城区十字路口,以及一些常见夜间人员聚集区,如大型商圈、市民活动广场和夜市。对于这些区域,不管采取何种措施通过,因为人员、车辆流动的随意性,加上夜间视野较弱,都不能将出现事故的概率降为零,故预制梁城市道路运输路径经过的人员密集区域应越少越好。

(2) 桥涵隧道路段。

主要包括运输路径途经的各类桥梁、涵洞和隧道,这些路段本就是货车事故高发区,特别是位于老城区的桥涵路段,因路面偏窄、行人较多,更易存在事故发生的概率,更何况预制梁运输车辆为大型物件运输货车。所以,必须对路网内运输路径有可能经过的桥梁、涵洞进行检测,检测内容应包含结构检查、混凝土专项检测、承载力评定,对跨径不小于 15m 的桥梁还需进行荷载试验,确保桥涵能够满足承载力要求。桥涵隧道虽根据检测结果进行适当加固,但长期进行大型物件运输,仍会对桥梁的长期养护带来隐患,故预制梁城市道路运输路径经过的桥涵隧道路段应越少越好。当然,如果规定所有的人员密集区域和桥涵隧道路段禁止通行,显然是不合理的：一是在实际中运输路径不可能避开所有的此两类区域；二是将会使得预制梁运输效率大打折扣且成本剧增。我们应结合技术性约束的处理办法,根据对此两类区域的路况勘测、对桥涵的技术检测以及交通管理部门的专家意见,同样地将这两类区域分为可通行区域和禁止通行区域。

3) 成本约束

成本约束,即指经济性影响因素下的约束条件,与预制梁城市道路的运输时间相关,而其运输时间一般分为两项,分别是：

(1) 匀速行驶时间。

根据假定三中匀速行驶的规定,只要已知预制梁城市道路运输路径匀速行驶路段的距离和规定的行驶速度,便能求得行驶时间。假设预制梁城市道路运输路径匀速行驶路段的距离为 $S_1$,行驶速度为 $v_1$,则预制梁城市道路运输时间 $T_1$ 为：

$$T_1 = \frac{S_1}{v_1} \tag{3.4-1}$$

(2) 变速行驶时间。

城市道路运输与公路运输相比,虽不存在收费站这样的固定停留处,但是存在众多行政机关、学校、医院以及城区十字路口等一些人员密集的重要区域,必须在经过这些区域时减速行驶,以确保安全通过。除此之外,运输车辆在经过桥梁时,也须提前减速通过。因运输车辆在通过人员密集区域和桥梁时,规定行驶速度不相同,两者所耗费的时间也不相同。

① 通过人员密集区域耗费的时间 $t_1$。

按规定,运输车辆在途经人员密集区域时,应提前 500m 进行减速,且必须减速至 10km/h 以下后才可通过该区域路段。假设运输路径存在人员密集区域 $n_1$ 个,其路段均长

为 $L_1$,一般取为 100m,运输车辆恰好在减速行驶 500m 时达到规定速度 $v_2$,匀速通过该路段后,加速行驶 500m 使得行驶速度恢复至 $v_1$,再继续匀速行驶。则人员密集区域路段运输车辆耗费的非匀速行驶时间 $t_1$ 可通过以下式子进行计算:

单个区域减速行驶时间:

$$t_{减} = \frac{v_1 - v_2}{a_1} = \frac{(v_1 - v_2) \times 2\Delta x}{v_1^2 - v_2^2} = \frac{1}{v_1 + v_2} \tag{3.4-2}$$

单个区域匀速通过时间:

$$t_{匀} = \frac{L_1}{v_2} \tag{3.4-3}$$

单个区域加速行驶时间:

$$t_{加} = t_{减} = \frac{1}{v_1 + v_2} \tag{3.4-4}$$

非匀速行驶总时间:

$$t_1 = n_1(2t_{减} + t_{匀}) = n_1\left(\frac{2}{v_1 + v_2} + \frac{L_1}{v_2}\right) \tag{3.4-5}$$

② 通过桥梁路段耗费的时间 $t_2$。

超重车辆过桥时,应遵循:

a. 一般情况下,超重车辆应沿桥梁中心线行驶;
b. 车辆以不大于 5km/h 的速度匀速行驶;
c. 不得在桥上制动、变速、停留。

所以,运输车辆在途经桥梁时,同样应提前 500m 进行减速,与通过人员密集区域不同的是,必须减速至 5km/h 以下后才可通过该区域路段,其余变速过程与通过人员密集区域是相同的。假设运输路径中存在桥梁 $n_2$ 个,各桥梁长度均长为 $L_2$,一般取为 100m,桥梁通过速度为 $v_3$,则在桥梁路段运输车辆耗费的非匀速行驶时间 $t_2$ 的计算过程为:

单个桥梁减速行驶时间:

$$t'_{减} = \frac{v_1 - v_3}{a_3} = \frac{(v_1 - v_3) \times 2\Delta x}{v_1^2 - v_3^2} = \frac{1}{v_1 + v_3} \tag{3.4-6}$$

单个桥梁匀速通过时间:

$$t'_{匀} = \frac{L_2}{v_3} \tag{3.4-7}$$

单个桥梁加速行驶时间:

$$t'_{加} = t'_{减} = \frac{1}{v_1 + v_3} \tag{3.4-8}$$

非匀速行驶总时间:

$$t_2 = n_2(2t'_{减} + t'_{匀}) = n_2\left(\frac{2}{v_1 + v_3} + \frac{L_2}{v_3}\right) \tag{3.4-9}$$

因此,可得出变速行驶时间 $T_2$ 为:

$$T_2 = t_1 + t_2 \tag{3.4-10}$$

一般而言,阶段决策与时间相关。根据当前状态制定决策,由时间变化推动状态转移,下一个决策随即被制定。可见随时间的推移,阶段状态发生转移,决策序列随即产

生,整个过程呈现"动态"演变特性,即为动态规划。建立动态规划模型,需定义以下概念:

(1) 阶段。

将所研究的问题,按照实际问题要求,以其时空特性分解多个相互关联的子阶段,阶段变量一般由 $k$ 表示。阶段划分的是否合理将直接影响后续模型计算结果是否准确。

(2) 状态。

反映各个阶段开始时客观存在的条件,描述了问题过程的状况。状态是变化的,有多重形态,故用"状态变量"加以描述。常用 $s_k$ 表示第 $k$ 阶段的状态变量,$s_k$ 在范围内所有的取值可能组成状态集合,用 $s_k$ 表示。

(3) 决策。

从已确定的阶段状态,根据一定指标,制定当前状态的转移目标,即为决策,常由"决策变量"表示。如 $u_k(s_k)$ 表示处于第 $k$ 阶段,当状态为 $s_k$ 时的决策变量。由于决策变量的取值在实际中有一定的取值范围,故称这一范围为允许决策集合,常用 $D_k(s_k)$ 表示处于第 $k$ 阶段,从状态 $s_k$ 出发的允许决策集合,故 $u_k(s_k) \in D_k(s_k)$。

(4) 策略。

由不同阶段的决策按照顺序排列而形成的决策群组成的集合,一般称之为策略。从第 $k$ 阶段开始至终止状态过程中的决策组合,可称为决策问题的一个子策略,一般用式 (3.4-11) 表示。

$$p_{k,n}(s_k) = \{u_k(s_k), u_{k+1}(s_{k+1}), \cdots, u_n(s_n)\} \tag{3.4-11}$$

其中,当 $k=1$ 时,表示为该问题全过程的一个策略。对于实际问题,策略具有一定选择范围,即允许决策集合,一般用 $p$ 表示。最优策略便是从允许决策集合中筛选出能达到最佳结果的策略。

(5) 状态转移方程。

动态规划中本阶段状态一般由上一阶段决策产生,若第 $k$ 阶段的状态 $s_k$ 已知,且从该状态出发,制定的决策为 $u_k(s_k)$,第 $k+1$ 阶段的状态 $s_{k+1}$ 可完全确定,一般用状态转移方式表示该过程,如式 (3.4-12) 所示:

$$s_{k+1} = T_k[s_k, u_k(s_k)] \tag{3.4-12}$$

(6) 指标函数与最优函数。

指标函数通常为一个量化指标,来衡量每阶段制定策略的优劣,是状态转移的指向标,一般用 $V_{k,n}$ 表示。

$$V_{k,n} = V_{k,n}[s_k, u_k(s_k), s_{k+1}, u_{k+1}(s_{k+1}), \cdots, s_n, u_n(s_n),] \quad k=1, 2, \cdots, n \tag{3.4-13}$$

指标函数具有可分离性并满足递推公式,即

$$V_{k,n} = V_{k,n}[s_k, u_k(s_k), s_{k+1}, u_{k+1}(s_{k+1}), \cdots, s_n, u_n(s_n)] = \psi_k[s_k, u_k(s_k), V_{k+1,n}] \tag{3.4-14}$$

式中:$\psi_k$——阶段性指标与整体指标间的函数关系。

对于指标函数的最优值,一般称其为最优值函数,用 $f_k(s_k)$ 表示。

$$f_k(s_k) = \underset{u_k \to u_n}{\mathrm{opt}} V_{k,n}[s_k, u_k(s_k), \cdots, s_{n+1}] \tag{3.4-15}$$

式中:opt——最优化的意思。

（7）递推公式。

最优函数同样具有指标函数的可分离性以及满足递推关系，如式（3.4-16）所示：

$$f_k(s_k) = \mathop{\text{opt}}\limits_{u_k \to u_n} \{\psi_k[v(s_k, u_k), f_{k+1}(s_{k+1})]\} \quad k = n, n-1, \cdots, 1 \quad (3.4\text{-}16)$$

边界条件为：

$$f_{k+1}(s_{k+1}) = 0 \tag{3.4-17}$$

该递推公式为动态规划的基本方程。

### 3. 利用动态规划寻找预制梁运输最优路径

对于路径最优的问题，目前存在多种数学模型可以进行求解，如动态规划算法、粒子群算法和蚁群算法等，本章将采取更易理解的动态规划算法对预制梁城市道路运输路径选择进行建模求解。

1）动态规划算法的介绍

动态规划又称多阶段规划，是一种解决多阶段决策问题的优化方法。该方法可以理解为将一个较复杂的问题按照其阶段划分成若干个较小的局部问题，再根据其局部问题的递推关系，依次做出一系列决策，直至整个问题达到总体最优化的目标。

为保证全局最优，每个阶段的决策制定取决于其当前状态，并对决策的后续发展造成影响。根据这种状态关联性所制定的阶段决策一旦全部确定，便组成了整体决策。该整体决策为一序列，反映了多阶段决策问题的链状结构，如图 3.4-7 所示：

图 3.4-7　动态规划过程示意图

2）动态规划算法的适用性分析

通过对动态规划算法的了解，可知其一般具有以下两个适用条件：

（1）最优化原理条件。

动态规划算法的最优策略，应不论之前的状态和决策怎样，对之前的决策所形成的状态而言，剩下的所有决策必须构成最优策略，即某个最优策略的子策略总是最优的。一个问题只有具备最优化原理，才能够使用动态规划算法进行计算。

（2）无后效性条件。

若某问题按要求划分，以一定次序排列好后，对于某一阶段的状态，它之前所有阶段的状态皆无法对其未来的决策产生影响，而只能通过当前阶段的状态进行决策。换句话说，过去的状态都是对过去的一个总结，无法影响到未来的选择，这便是动态规划算法所拥有的无后效性。同样，一个问题只有具备无后效性，才能够使用动态规划算法进行计算。

在预制梁城市道路运输最优路径选择问题中，对于最后筛选出的最优路径，具有不论处于哪一个路段其后续运输路径都将仍是最优线路的性质，即具备最优化原理条件；且不论之前路径如何，处于何处路段，都不能影响运输车辆后续路径的选择，而是由当前路段的状态及决策决定，即具备无后效性条件。

由此可知，预制梁城市道路运输最优路径选择问题同时具备动态规划算法的两个适用性条件，因此采用动态规划算法对预制梁城市道路运输最优路径选择问题进行建模求解是可行的。而且，实际工程中动态规划的应用已经在经济管理、生产调度、工程技术和最优化控制等方面非常常见，如实际生活中的最短路径、库存管理、资源分配等问题。在预制梁城市道路路径选择方面，使用动态规划算法不失为一种好选择。

但是，在解决实际运输最优路径的动态规划问题时，常常因为路径的复杂性，需要进行大量的计算，而导致耗时较久且易出现误差，此时需要一种高效、适用性高的计算方法进行协助求解。

此时我们需要引入一种常用的算法——Floyd 算法，通过编程的方式，来协助我们对动态规划模型进行计算。

3）基于动态规划的 Floyd 算法介绍

Floyd 算法又被称为插点法，是从动态规划算法中延伸出的一个例子，是一种利用动态规划方法来寻找给定动态规划阶段图中多源点间的最优路径的算法。计算过程一般分为以下几个步骤：

（1）利用动态规划阶段图建立邻接矩阵 A。

根据动态规划阶段图中各阶段状态及决策，建立带权邻接矩阵 A，$A = [a(i,j)]n \times n$，权重即各点间距离，如下所示：

$$A = \begin{bmatrix} a_{11} & \cdots & a_{1n} \\ \vdots & \ddots & \vdots \\ a_{n1} & \cdots & a_{nn} \end{bmatrix} \quad (3.4\text{-}18)$$

矩阵中，$a_{23}$ 表示点 $v_2$ 到点 $v_3$ 间的指标函数大小，若 $v_i$ 到 $v_j$ 间不相接且无指标函数存在，则 $a_{ij}\% = inf$，表示 $v_i$ 到 $v_j$ 间距离无限大，无存在意义。如一最短路径动态规划阶段图如图 3.4-8 所示：

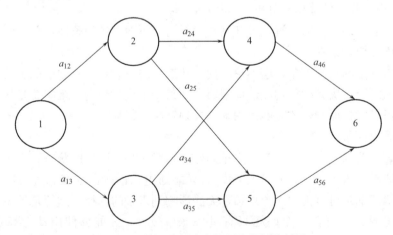

图 3.4-8 最短路径动态规划阶段划分例图

则根据该图，如要得到 $v_1$ 到 $v_6$ 的最短距离，需要先将阶段图转化为带权邻接矩阵 A 如下所示：

$$A = \begin{bmatrix} 0 & a_{12} & a_{13} & inf & inf & inf \\ inf & 0 & inf & a_{24} & a_{25} & inf \\ inf & inf & 0 & a_{34} & a_{35} & inf \\ inf & inf & inf & 0 & inf & a_{46} \\ inf & inf & inf & inf & 0 & a_{56} \\ inf & inf & inf & inf & inf & 0 \end{bmatrix} \quad (3.4\text{-}19)$$

（2）引入初始距离矩阵 D（0）。

带权邻接矩阵 A 只能单纯的表示动态规划模型阶段图任意两状态节点间的关系，而无法确定任意两点最优距离，此时需要一个矩阵能够用来表示任意两点间的最优距离，该矩阵便是距离矩阵 D。根据动态规划计算过程，距离矩阵 D 无法根据带权邻接矩阵 A 立即得出，需要根据状态转移方程进行多次迭代才能确定任意两点间最优距离。现引入开始迭代前的初始距离矩阵 D（0），D$[i][i]$ 表示两点间的最优距离，初始距离矩阵 D（0）与带权邻接矩阵 A 具有以下关系：

$$D(0) = A \quad (3.4\text{-}20)$$

（3）引入初始路径矩阵 path（0）记录任意两点的最优路径。

距离矩阵 D 只能表示任意两点间最优距离，而无法得到任意两点间的最优路径，此时需要引入路径矩阵 path 伴随距离矩阵 D 迭代，记录任意 D 中两点间距离的路径。

初始路径矩阵 path（0）可由 D（0）得出，p$[i][j]$ 表示 $v_i$ 到 $v_j$ 所需经过的节点，初始距离矩阵 D（0）中 $v_i$ 到 $v_j$ 只经过 $v_i$ 和 $v_j$ 两点，$v_i$ 为起点，则路径只需经过 $v_j$，即 p$[i][j]=j$。若 D$[i][i]=inf$，则表示两点间无最优路径，即 p$[i][j]=0$。根据式（3.4-22）、式（3.4-23）可得到 path（0）如下所示：

$$\text{path}(0) = \begin{bmatrix} 1 & 2 & 3 & 0 & 0 & 0 \\ 0 & 2 & 0 & 4 & 5 & 0 \\ 0 & 0 & 3 & 4 & 5 & 0 \\ 0 & 0 & 0 & 4 & 0 & 6 \\ 0 & 0 & 0 & 0 & 5 & 6 \\ 0 & 0 & 0 & 0 & 0 & 6 \end{bmatrix} \quad (3.4\text{-}21)$$

矩阵中 $p_{12}$ 表示若 $v_1$ 到 $v_2$ 距离为 $D_{12}$，则 $v_1$ 到 $v_2$ 路径为 $1 \to 2$，其中只经过了点 $v_2$。

（4）利用状态转移方程对初始距离矩阵 D（0）进行迭代。

初始距离矩阵 D（0）表示的并不是任意两点间的最优距离，故初始路径矩阵 path（0）表示的也不是任意两点间的最优路径，根据动态规划指标函数和最优函数的思想以及最优化原理条件，需要对初始距离矩阵 D（0）进行不断地迭代才能得到任意两点间的最优距离。

迭代原理源于动态规划最优函数所具有的可分离性和递推性，即在任意两点间插入一个节点 $v_k$，来判断 D$[i][k]$+D$[k][j]$ 的路径距离是否更优于 D$[i][j]$ 的路径距离，迭代后的 D$[i][j]=\min(D[i][j], D[i][k]+D[k][j])$。若 D$[i][j]$ 数值变小，则 p$[i][j]=k$，两点间的最优路径发生了改变；若 D$[i][j]$ 数值不变，则 p$[i][j]=j$，两点间的最优路径保持不变。

（5）迭代 $n$ 次得到最终距离矩阵 D($n$) 及最终路径矩阵 path($n$)。

经过迭代 $n$ 次后的最终距离矩阵 D($n$) 和最终路径矩阵 path($n$) 已全部更新，此时 D($n$) 任意两点间的距离 D[$i$][$j$] 已为该两点间的最优距离，path($n$) 任意两点间的路径 p[$i$][$j$] 已为该两点间的最优路径。

（6）得出最优路径。

通过最终距离矩阵 D($n$) 和最终路径矩阵 path($n$)，结合实际问题，便可得出对应起点与终点间的最优距离以及最优路径，基于动态规划的 Floyd 算法，计算过程便到此结束。

4) 动态规划数学模型建立

利用动态规划解决实际问题时需要按照以下步骤进行求解：

（1）利用约束条件对运输路网节点进行筛选；
（2）利用约束条件对运输路网路段进行筛选；
（3）结合实际问题进行阶段划分和状态变量确定；
（4）选择正确的决策变量 $u_k(s_k)$ 以及各阶段的允许决策集合 $D_k(s_k)$；
（5）利用以上条件确定各节点间联系情况；
（6）设计状态转移方程 $s_{k+1}=T_k[s_k, u_k(s_k)]$；
（7）构建指标函数 $V_{k,n}$ 和最优函数 $f_k(s_k)$；
（8）借助 Floyd 算法对动态规划模型进行求解得出运输最优路径。

现根据步骤建立关于预制梁城市道路运输最优路径选择问题的动态规划数学模型。

（1）节点筛选。

理论上，在预制梁城市道路运输最优路径选择问题的动态规划模型中，考虑的节点越多，最后的计算结果将会越精确，所以在建模时，运输路网中包含所有路口皆应设为节点并进行考虑。但在实际运输中，运输路网所包括的路口并不都具备有效性，因技术性约束条件的存在，有些路口将不具备通行能力，即在确定节点前须增加一个步骤——筛选。

节点筛选，便需要通过上节所提技术性约束和安全性因素，根据预制梁运输车辆的高度 $H$、宽度 $W$、转弯半径 $R$ 和当地行政管理条例，对各节点进行评定，将运输路网中不具备通行能力的路口从中筛选出来，并从运输路网中剔除，那么运输路网中所剩下的路口便皆为"合格"节点，可将其放入动态规划模型中。

（2）路段筛选。

与节点筛选相同，在实际运输中，运输路网所包括的路段并不都具备有效性，因为技术性约束和安全性约束的存在，有些路段因技术影响指标不合格、存在禁止通行的人员密集区域或桥涵隧道，将同样不具备通行能力，因此在阶段划分前也需要对路段进行一次筛选。

（3）阶段划分与状态变量确定。

运输路网经过筛选后，须根据运输路径起终点和运输路网中各节点的空间分布，对预制梁城市道路运输路径按照运输行进方向进行阶段划分，划分出 $n$ 个阶段和 $n+1$ 个状态。其中起点为状态 $s_1$，终点为状态 $s_{n+1}$。

一般地，在运输最优路径选择问题的动态规划模型中，阶段定义为两个相邻路口间的直线路段，即中间不存在其他可改变方向的路口；状态变量即为各节点所处的地理位置。因此在阶段划分时，一般会依据各节点与起点间相隔路口的数量进行阶段划分，如将与起点间相距路口数量为零的所有节点设为状态 $s_2$，状态 $s_1$ 和状态 $s_2$ 间的阶段便为阶段 1；将与起点间相距路口数量为 5 的所有节点设为状态 $s_6$，状态 $s_5$ 和状态 $s_6$ 间的阶段便为阶段 5。

需要注意的是，若某节点的下一节点为终点，但其所属状态并不为状态 $s_n$ 时，即两者间仍有其他状态的存在，应将其继续放入后续状态中，直到状态 $s_n$。

通过阶段划分，可确定运输路网中各节点间的方向顺序问题，并依此可将阶段图画出。

(4) 确定决策变量。

通过上节对预制梁场城市道路运输的约束条件分析，弹性条件对运输路径的选择无决定性作用，不能判断路径是否可行，却能评价运输路径方案的优劣性，对最佳运输路径的选择起着至关重要的作用。而路网已经过硬性约束的筛选，可选路径皆为可行，只需对各路径方案间进行评价区分即可。此时，将弹性约束作为决策变量便显得再合适不过了，所以在该问题中应将成本约束，即"运输时间最少"作为预制梁场城市道路运输最优路径问题的决策变量 $u_k(s_k)$，并确定各节点间的运输时间 $t_{ij}$。

(5) 确定各节点间关系。

经过以上步骤后，运输路网中各阶段间关系便已明确，各阶段间的决策变量也可根据运输时间 $t_{ij}$ 得出，由此便可得到各节点间的关系情况，并整理成表格见表 3.4-1：

**预制梁运输路网各节点间关系表**　　　　表 3.4-1

| | 1 | 2 | 3 | 4 | ... | $n-2$ | $n-1$ | $n$ |
|---|---|---|---|---|---|---|---|---|
| 1 | $X_{1,1}$ | $X_{1,2}$ | $X_{1,3}$ | $X_{1,4}$ | ... | $X_{1,n-2}$ | $X_{1,n-1}$ | $X_{1,n}$ |
| 2 | $X_{2,1}$ | $X_{2,2}$ | $X_{2,3}$ | $X_{2,4}$ | ... | $X_{2,n-2}$ | $X_{2,n-1}$ | $X_{2,n}$ |
| 3 | $X_{3,1}$ | $X_{3,2}$ | $X_{3,3}$ | $X_{3,4}$ | ... | $X_{3,n-2}$ | $X_{3,n-1}$ | $X_{3,n}$ |
| 4 | $X_{4,1}$ | $X_{4,2}$ | $X_{4,3}$ | $X_{4,4}$ | ... | $X_{4,n-2}$ | $X_{4,n-1}$ | $X_{4,n}$ |
| ... | ... | ... | ... | ... | ... | ... | ... | ... |
| $n-2$ | $X_{n-2,1}$ | $X_{n-2,2}$ | $X_{n-2,3}$ | $X_{n-2,4}$ | ... | $X_{n-2,n-2}$ | $X_{n-2,n-1}$ | $X_{n-2,n}$ |
| $n-1$ | $X_{n-1,1}$ | $X_{n-1,2}$ | $X_{n-1,3}$ | $X_{n-1,4}$ | ... | $X_{n-1,n-2}$ | $X_{n-1,n-1}$ | $X_{n-1,n}$ |
| $n$ | $X_{n,1}$ | $X_{n,2}$ | $X_{n,3}$ | $X_{n,4}$ | ... | $X_{n,n-2}$ | $X_{n,n-1}$ | $X_{n,n}$ |

其中，并不是任意两点间都存在有效关系，即表中存在两点间无运输意义的情况。现将两点间无运输意义的情况进行整理如下：

① 根据路段筛选结果，$x_{ij}$ 中 $v_i$ 与 $v_j$ 间不可通行时；
② 根据阶段划分结果，$x_{ij}$ 中 $v_i$ 所属状态后于 $v_j$ 所属状态时；
③ 根据阶段划分结果，$x_{ij}$ 中 $v_i$ 所属状态与 $v_j$ 所属状态不相邻时；
④ 根据阶段划分结果，$x_{ij}$ 中 $v_i$ 所属状态与 $v_j$ 所属状态属于同一状态时。

除以上四种情况外，任意两点间皆存在运输意义。根据整理结果，若任意两点 $v_1$ 与 $v_2$ 间存在运输意义，则 $x_{ij}=t_{ij}$，表示 $v_1$ 与 $v_2$ 间具有运输关系且运输时间为 $t_{ij}$，若任意两点 $v_1$ 与 $v_2$ 间无运输意义，则 $x_{ij}=inf$，表示 $v_1$ 与 $v_2$ 间不具有运输关系，且运输时间为无限大；若两点为同一点时，则 $x_{ii}=0$，表示两点间运输时间为 0。

另外还需补充说明的是，对于状态变量确定特殊情况："若某节点的下一节点为终点，但其所属状态并不为状态 $s_n$ 时，即两者间仍有其他状态的存在，应将其继续放入后续状态中，直到状态 $s_n''$，假设特殊节点为 $v_\Delta$，$v_\Delta$ 与后续相邻状态中的节点存在以下三种关系：

① 若后续相邻状态中的节点为终点时，$x_{\Delta j} = t_{\Delta j}$，表示 $v_\Delta$ 与 $v_j$ 间具有运输关系且运输时间为 $t_{ij}$；

② 若后续相邻状态中的节点同为 $v_\Delta$ 时，$x_{\Delta\Delta} = 0$，表示两点间运输时间为 0；

③ 除去前两种情况外，$v_\Delta$ 与后续相邻状态中的节点皆无运输意义，即运输时间为 $inf$，表示无限大。

（6）设计状态转移方程。

状态转移方程为：

$$s_{k+1} = T_k[s_k, u_k(s_k)] \quad (3.4\text{-}22)$$

此状态转移方程表示，第 $k+1$ 个节点地理位置的确定，需要根据前一节点的地理位置以及决策变量"运输时间最短决策变量 $u_k(s_k)$"进行确定。

（7）构建指标函数和最优函数。

指标函数 $V_{k,n}$ 的构建应满足以下三个条件：

① 指标函数是定义在全过程及所有后部子过程上的数量函数；

② 指标函数 $V_{k,n}$ 满足递推关系，即

$$V_{k,n}(s_k, u_k, s_{k+1}, u_{k+1}, \cdots) = \psi\{s_k, u_k, V_{k+1,n}(s_{k+1}, u_{k+1}, \cdots)\} \quad (3.4\text{-}23)$$

③ $\psi(s_k, u_k, V_{k+1,n})$ 应对其变量 $V_{k+1,n}$ 严格单调，选取的指标函数形式为：

$$V_{k,n}(s_k, u_k, \cdots) = \sum_{j=k}^{n} v_j(s_j, u_j) \quad (3.4\text{-}24)$$

即表示任一子过程的指标函数为它所包含的各阶段指标之和，此时指标函数为：

$$V_{k,n}(s_k, u_k, \cdots) = v_k(s_k, u_k) + V_{k+1}(s_{k+1}, u_{k+1}, \cdots) \quad (3.4\text{-}25)$$

最优函数为：

$$f_k(s_k) = min\{v_k[s_k, u_{1,k}(s_k)] + f_{k-1}(s_{k-1})\} \quad (3.4\text{-}26)$$

（8）利用 Floyd 算法得出最优路径。

首先，可将该问题动态规划模型中各节点间关系，转化为带权邻接矩阵 $A = [a(i, j)]$，即表示：若 $v_i$ 与 $v_j$ 间存在有向路径相连，且两点间运输时间为 $t_{ij}$，则矩阵中 $a_{ij} = t_{ij}$；若 $v_i$ 与 $v_j$ 间无有向路径相连，则矩阵中 $a_{ij} = inf$。

带权邻接矩阵 A 确定后，接下来可采用 MATLAB 编程的方式，利用 Floyd 算法对问题进行求解，程序如下所示：

```
A=[a11,a12,a13,…,a1n;a21,a22,a23,…,a2n;a31,a32,a33,…,a3n;…;an1,an2,an3,…,ann];%输入带权邻接矩阵
n=size(A,1);%n 取 A 中第一列的行数
D=A;
Path=zeros(n,n);%path 从全零矩阵开始赋值
for i=1:n%通过循环得到初始路径矩阵 path(0)
    for j=1:n
        if D(i,j)~=inf
        path(i,j)=j
```

```
            end
        end
    end
    for k=1:n % 利用对循环 D(0)进行迭代
        for i=1:n
            for j=1:n
                if D(i,k)+D(k,j)<D(i,j) % 状态转移方程
                    D(i,j)=D(i,k)+D(k,j); % 对距离矩阵进行更新
                    path(i,j)=path(i,k); % 对路径矩阵进行更新
                end
            end
        end
    end
end
D;path; % 得到最终距离矩阵和最终路径矩阵
```

此时，所得出的距离矩阵 D($n$) 为该运输路网中任意两节点的"运输时间最短"矩阵，D$[i][j]$ 表示从 $v_i$ 到 $v_j$ 所需的最短运输时间；所得出的路径矩阵 path($n$) 为该运输路网中任意两节点的"运输时间最短"路径矩阵，p$[i][j]$ 表示从 $v_i$ 到 $v_j$ 经历最短运输时间需要经过该点。

MATLAB 程序完成后，只需将预制梁城市道路运输节点阶段图的带权邻接矩阵带入程序中，便可得到该问题的最优距离矩阵及最优路径矩阵，从而得到预制梁城市道路运输最优路径。

（9）红绿灯经过时间。

预制梁运输车辆在城市道路行驶过程中与公路运输还存在一点不同之处，就是要遵循城市道路所特有的交通管控——红绿灯。假定预制梁城市道路运输过程中，所遇交通信号灯皆为红灯，皆须停车等候再通过。

假设夜间城市道路上红绿灯路口的车辆平均等待时间为 $t_3$，一般取为 60s，运输路线在城市道路上所经过的红绿灯路口数量为 $n_3$ 个。按照规定，运输车辆需要在距红绿灯路口 100m 时开始减速，并在红灯结束立即按相同加速度大小恢复至初始速度，则预制梁运输车辆的红绿灯经过时间 $T_3$ 计算过程如下：

单个路口减速行驶时间：

$$t''_{\text{减}}=\frac{v_1-0}{a_3}=\frac{2\Delta x}{v_1}=\frac{1}{5v_1} \tag{3.4-27}$$

单个路口停留时间：

$$t''_{\text{停}}=t_3 \tag{3.4-28}$$

单个路口加速行驶时间：

$$t''_{\text{加}}=t''_{\text{减}}=\frac{1}{5v_1} \tag{3.4-29}$$

因此可以得出运输车辆在城市道路红绿灯经过总时间 $T_3$ 为：

$$T_3 = n_3(2t''_{\text{减}} + t''_{\text{停}}) = n_3\left(\frac{2}{5v_1} + t_3\right) \tag{3.4-30}$$

综上所述，可得出预制梁城市道路运输总时间为：

$$T = T_1 + T_2 + T_3 \tag{3.4-31}$$

预制梁城市道路运输总时间的多少，将直接影响着运输成本的多少，所以在运输路径的选择过程中，若以成本约束作为最终选择的评价标准，则成本最小者为最优。

综上所述，预制梁城市道路运输过程中存在着三个约束，其中技术性约束和安全性约束属于硬性约束，决定着城市道路运输路网中可通行路段和禁止通行路段的划分，而成本约束则属于弹性约束，无法对运输路径的选择起决定性作用，却能对运输路径方案间的优劣性区别进行评价，判断出最优路径。而约束条件确定后，便是要选择数学方法对预制梁城市道路运输最优路径进行选择。

## 3.5 本章小结

本章围绕骑行铁路线桥梁架设施工风险、骑行铁路线桥梁可调式移动门架设计与应用、桥梁施工监控技术、基于物联网与大数据智能监控的大型 T 梁运输安全控制等方面论述骑行铁路线桥梁架设的重大施工装备设计，桥梁施工过程的监控技术与智能监控体系、基础理论，降低骑行铁路线桥梁架设施工风险。

# 第四章

# 骑行铁路线桥梁架设设备与施工方法

## 4.1 移动式门架基础施工

### 4.1.1 概述

很多施工环境比较复杂，无法在现场进行施工，需要门架的辅助，但现有的门架很难满足需求。比如在运营铁路的密集市区狭小空间内、建筑物距桥位太近的路段、小半径曲线路段等特殊复杂施工环境和路段。不仅要考虑施工的进度，还需考虑施工的安全性和协调性，施工的过程不能阻断现有铁路线的运行以及对行车与乘客安全的保障。因此，需要一种新型的门架来满足这些特殊的施工环境。

### 4.1.2 钢筋混凝土预制板基础

轨道两侧原地面高差不大，地基承载力较好，采用预制便道板作为移动门架走行基础，结构为原地面压实或少量填筑土方后压实+铺设预制板+双拼型钢。

### 4.1.3 独立基础大跨度轨道梁结构

为减少土方施工，同时可跨越沿线存在的铁路涵洞，部分区域采用独立基础+型钢轨

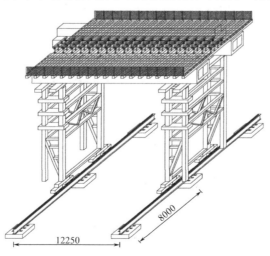

图 4.1-1 独立基础大跨度轨道梁移动门架示意图

道施工方案。独立基础采用拼装钢筋混凝土板，地基通过换填垫层压实消除地基不均匀沉降，同时通过混凝土板重量平衡轨道支座向上的反力，轨道梁采用HN700型钢或HN350型钢（图4.1-1、图4.1-2）。

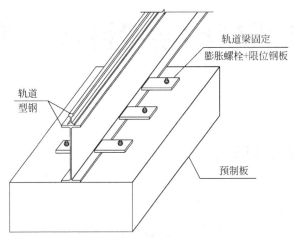

图4.1-2 独立基础结构示意图

### 4.1.4 轨道基础施工

（1）轨道基础Ⅰ预制板应连续铺设，预制板之间空隙控制在1m以内；轨道基础Ⅱ铺设预制板基础中心距离控制在4m以内，轨道基础Ⅲ铺设预制板基础中心距离控制在8m以内。

（2）轨道基础之间衔接如图4.1-3所示，预制板和型钢无法满足高差调节时，采用土方或找平层调节。

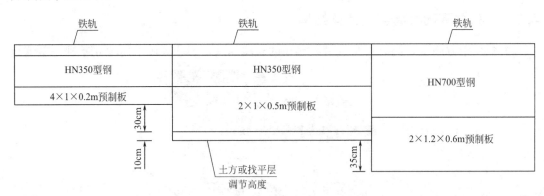

图4.1-3 轨道基础衔接示意图

（3）铁路路基采用台阶法填筑施工，台阶宽度为50cm，高度为20cm，内倾4%坡度，填筑边坡坡度按1:1.5控制。

（4）铁路路基加宽使用钢板桩支护，与铁路路基连接处采用台阶法填筑施工，台阶宽度为50cm，高度为20cm，内倾4%坡度。

（5）双拼H型钢焊接焊缝以及型钢与轨道的焊接焊缝长度为15cm，每隔15cm焊接一道，上下或左右对称焊接，焊缝厚度或高度为 8mm，作用是保证两个 H 型钢协同受力。

（6）型钢与预制板连接采用膨胀螺栓，沿型钢两侧对称布置。

（7）盖梁位置轨道基础预制块在移动门架行走车轮下方连续布置，另外在每侧各布置两个升降支腿厚 0.5m 的预制块。

（8）移动门架通过路口使用碎石找平层调平两侧轨道缓慢通行。

## 4.2 可调式移动式门架系统设计与施工方法

### 4.2.1 概述

桥梁施工常跨越峡谷、骑行运营铁路线等复杂条件，施工环境比较复杂，无法直接采取常规装备架设桥梁进行施工作业。为提升桥梁施工质量，保障施工安全以及缩短工期，需要门架等装备的辅助，但是现有的门架很难满足需求，比如在运营铁路的密集市区狭小空间内、建筑物距桥位太近的路段、小半径曲线路段等特殊复杂施工环境和路段，这些环境中，不仅要考虑施工的进度，更重要的是要考虑施工的安全性和协调性，施工的过程不能阻断现有铁路线的运行以及对行车与乘客安全的保障，因此，传统的门架无法满足这些特殊的施工环境。针对上述不足，提出一种桥梁施工用可调式移动支撑门架系统以及施工方法，门式刚架系统可应用于工程项目的支撑与防护系统用于桥梁、地铁等建设中。目前，通过在高速公路跨线桥梁施工中，采用组合式 H 型钢门式支架施工技术，从而解决上跨匝道桥及近邻的营运线路桥梁上下空间受限等技术难题。采用简易门式支架代替满堂式脚手架施工盾构井、轨排井，解决轨行区各专业交叉施工的影响，极大地节省了施工成本和工期。

### 4.2.2 可调式移动式门架系统的特点

（1）可调式移动支撑门架系统用于骑行运营铁路线复杂施工环境桥梁的盖梁施工，不中断铁路运行，且安全保障得以提升。

（2）对于施工空间的要求低，适应面广，可在运营铁路的密集市区、建筑物距桥位太近路段、小半径曲线路段等情况下作业，可在狭窄的空间移动作业。

（3）对于骑行曲线线形运营铁路线以及存在道岔的铁路线施工，可以实现多向自由移动和升降，适应性好。可以骑跨铁路线行走，走行过程中不但可以根据实际的施工环境对门架横梁进行横向的长度调整，而且还可以实现竖直方向的高度调整，可适应多种情况。

（4）施工机械化程度高，施工装备拆装方便，可以重复利用，节约资源。

（5）适应的作业基础可控。为减少填方较大区域路基的土方施工，同时可以跨越沿线存在的铁路涵洞，可采取独立基础＋型钢轨道施工方案，独立基础采用拼装钢筋混凝土板，地基通过换填垫层压实消除地基不均匀沉降，可实现轨道两侧基础不同高差和地质条件。

（6）施工装备的机械化与自动化程度高，劳工强度低，便捷，操作方便且安全，有利于桥梁施工提质与增效。

### 4.2.3 适用范围

可调式移动式门架系统具有自动化程度高、施工安全、受地形与空间限制小、施工效率高等特点，可以广泛应用于桥梁工程盖梁施工，尤其适用于骑行运营铁路线环境与跨越各类设施的重大桥梁施工作业。

### 4.2.4 工艺原理

1. 工作装置

使用可调式移动支撑门架系统，组装与维修方便，可以重复使用，能在狭窄空间移动和升降，适应能力强，保证桥梁盖梁施工不间断作业和运营铁路线安全。

2. 工艺原理与操作

可调式移动支撑门架系统可以在骑跨铁路线上走行，走行过程中不但可以根据实际的施工环境对门架横梁进行横向的长度调整；而且还可以实现竖直方向的高度调整。在走行轨道两侧空间不足的情况下，门架横梁为伸缩式的；在直线路段，位于两个轨道上的台车同频走行，实现门架系统的整体走行，在曲线路段，位于同侧轨道的台车同频行走，同时位于不同轨道的台车不同频走行。伸缩梁由设置于主梁和横联框架上的驱动装置驱动实现伸缩梁的伸出和缩回。走行过程中，通过控制门架支腿的高低来实现门架横梁的顶升和下降。门架支腿顶升时，液压油缸的伸缩杆处于缩回的状态，使用销轴通过横梁销孔和导柱销孔将顶升横梁和导柱进行固定，同时，拔出固定销孔内的销轴，操作液压油缸的伸缩杆伸出，带动导柱上升，当导柱上升到指定高度后，将横梁销孔内的销轴拔出，缩回液压油缸的伸缩杆，顶升横梁下移；之后重复上面的操作；最终通过门架支腿将门架横梁顶升到合适的位置。走行过程中，如果移动门架系统的走行轨道与待建盖梁不垂直，导致门架一侧走行就位后，另一侧无法正常就位，加装转向系统。从而可适应多种复杂环境施工作业而不中断交通，比如在骑行运营铁路的密集市区狭小走廊带架设桥梁、路侧建筑物距桥位太近的路段、小半径曲线路段等特殊复杂环境施工路段，从而保障桥梁施工的安全性和协调性。

可调式移动支撑门架系统原理图见图 4.2-1～图 4.2-3。可调式移动支撑门架系统效果图见图 4.2-4。

### 4.2.5 施工工艺流程及操作要点

1. 盖梁施工工艺流程与移动式门架工艺流程

门式墩柱盖梁钢箱梁门架施工工艺流程图见图 4.2-5，移动式门架施工流程图见图 4.2-6。

2. 施工前准备

1) 技术准备

现场工程技术人员对施工图纸进行复核（包括盖梁所在桩号、高程和坐标），若发现问题及时向技术部反馈并再次进行核对。经复核无误后再进行现场施工。

2) 场地准备

盖梁施工场地的四周应平整压实，合理堆放材料和机具，确保起重机、混凝土泵车及运输机械顺利进场作业,非工作人员禁止进入连接件工作现场。

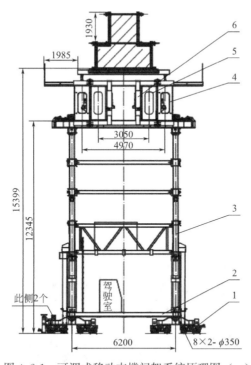

图 4.2-1　可调式移动支撑门架系统原理图（一）

1—走行台车总成；2—下横梁总成；3—支腿总成；4—主梁总成；5—伸缩梁总成；6—横联框架

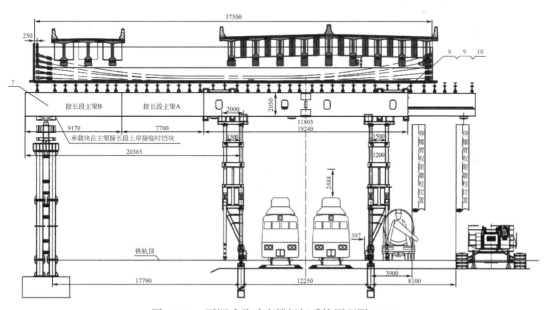

图 4.2-2　可调式移动支撑门架系统原理图（二）

7—接长段主梁总成；8—六角头螺栓；9—Ⅰ型六角头螺母；10—标准弹簧垫圈

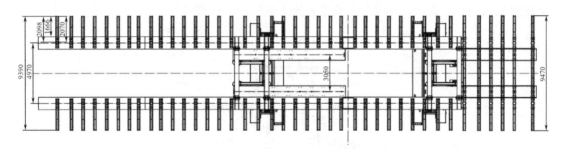

图 4.2-3 可调式移动支撑门架系统原理图（三）

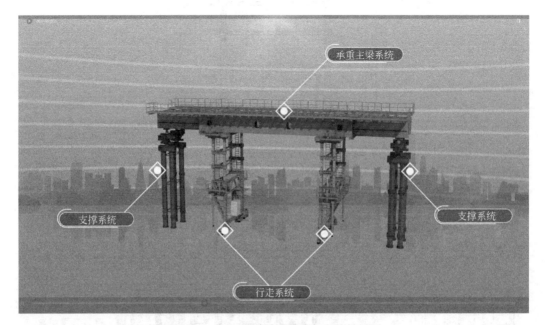

图 4.2-4 可调式移动支撑门架系统效果图

3）测量放样

盖梁施工前，应对其墩柱顶面的混凝土进行凿毛处理，并应将表面的松散层、石屑等清理干净。

盖梁施工前按施工图纸所示坐标点，依据基准控制点准确定出盖梁轮廓线、纵横轴线及高程控制点；测放的各种控制点都应标注编号，涂上各色油漆，醒目、牢固。现场施工人员根据测量放样点调整盖梁底模位置和标高。

4）设备准备

检查油缸及管路是否清洁；检查所有的连接件是否正确、匹配；根据布置图加满蓄能器，检查气体；用过滤器加油；释放压力阀压力；试启动电机片刻，检查旋转方向，然后再行启动；缓慢地增加压力；调试速度和压力。

3. 施工要点

1）安装可拆卸式轨道

沿着走行方向安装可拆卸式轨道。

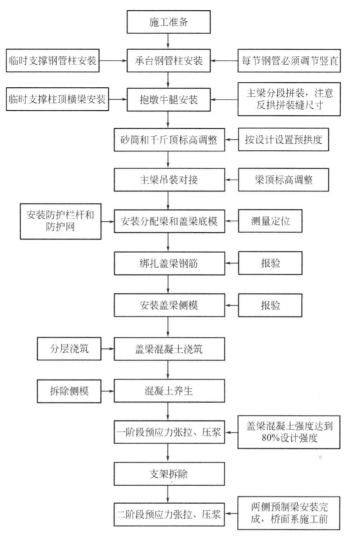

图 4.2-5　门式墩柱盖梁钢箱梁门架施工工艺流程图

2) 安装可调式支撑门架系统

安装用于控制门架在轨道上行走系统所述走行系统包括成对的台车组，所述台车组包括两个台车之间的台车均衡梁。

图 4.2-7 为可调式移动支撑门架系统的两个台车组的结构示意图，图 4.2-8 为可调式移动支撑门架系统的台车组的结构示意图。用于支撑门架横梁的门架支腿，所述门架支腿与台车均衡梁可拆卸连接。图 4.2-9 为可调式移动支撑门架系统的结构示意图（顺着轨道的方向），图 4.2-10 为可调式移动支撑门架系统的结构示意图（垂直于轨道的方向）。

3) 安装门架横梁

在门架支腿的上部安装门架横梁。

4) 走行、就位

通过台车组带动门架在轨道上走行，一直行走至指定的施工位置。

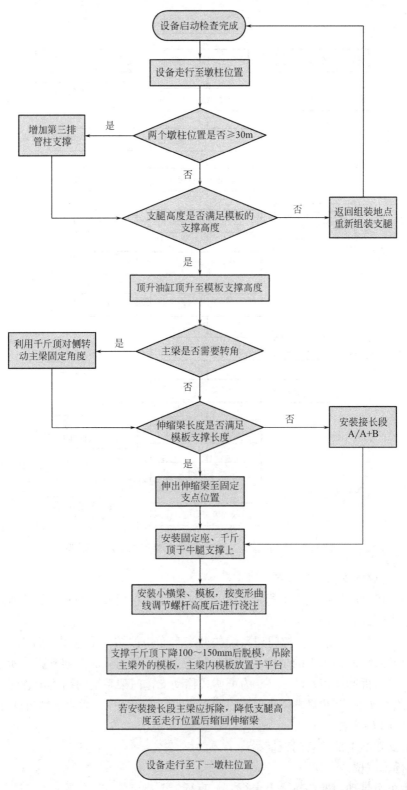

图 4.2-6 移动式门架施工流程图

第四章　骑行铁路线桥梁架设设备与施工方法

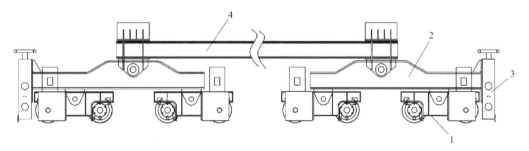

图 4.2-7　可调式移动支撑门架系统的两个台车组的结构示意图
1—台车；2—台车均衡梁；3—夹轨器；4—走行衡梁

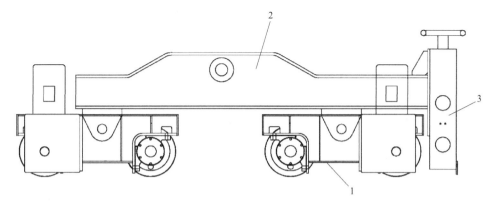

图 4.2-8　可调式移动支撑门架系统的台车组的结构示意图
1—台车；2—台车均衡梁；3—夹轨器

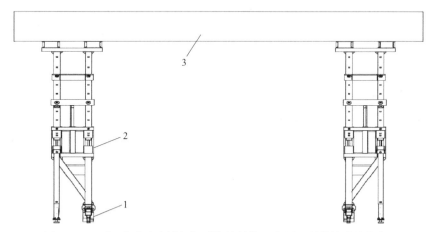

图 4.2-9　可调式移动支撑门架系统的结构示意图（顺着轨道的方向）
1—走行系统；2—门腿支架；3—门架横梁

5）盖梁施工

在门架上完成浇筑。图 4.2-11 为可调式移动支撑门架系统的台车的结构示意图，图 4.2-12 为可调式移动支撑门架系统的台车的立体视角结构示意图。台车包括车体、电机、减速机、主动轮、从动轮和夹轨器，位于同一侧的两个台车组之间设置有走行横梁。

行走过程中,在直线路段,位于两个轨道上的台车同频走行,实现门架系统的整体走行,在曲线路段,位于同侧轨道的台车同频行走,同时位于不同轨道的台车不同行走。

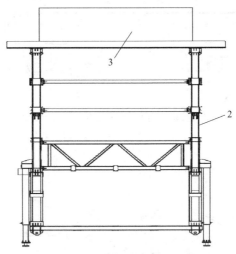

图 4.2-10 可调式移动支撑门架系统的结构示意图(垂直于轨道的方向)
2—门腿支架;3—门架横梁

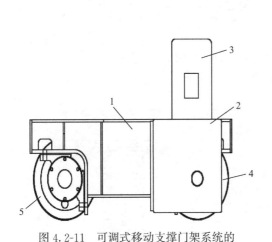

图 4.2-11 可调式移动支撑门架系统的
台车的结构示意图

1—车体;2—电机;3—减速机;4—主动轮;5—从动轮

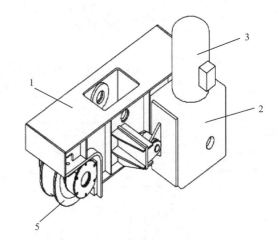

图 4.2-12 可调式移动支撑门架系统的
台车的立体视角结构示意图

1—车体;2—电机;3—减速机;5—从动轮

### 4. 可调式移动支撑门架与盖梁施工步骤

1)支架安装工艺流程

(1)管柱支撑支架安装:清理承台顶面,铺设砂浆找平层→吊装主梁支撑钢管,安装钢管间横向联系→吊装柱顶牛腿梁,安装牛腿梁对拉精轧螺纹→安装牛腿顶部 MEG 滑板。(第 3 排管柱支撑需进行桩基与承台施工)。图 4.2-19 为可调式移动支撑门架系统结构。

(2)走行支腿安装:平整、压实场地→插打走行轨基础钢管桩/安装混凝土预制板→

焊接轨道走行梁→安装并固定钢轨→安装移动门架支腿，临时固定支腿。

(3) 主梁安装：吊装固定段主梁→安装主梁横向联系及附属结构→吊装两侧调节段主梁、主梁横向联系及附属结构→安装分配梁→安装盖梁底模。

2) 走行支腿及主梁安装方案

受场地、火车及道轨、正常运行的公路影响，采用 2 台 60t 起重机吊装，在移动门架轨道外侧顺桥向拼装走行支腿及主梁，起重机支立在移动门架前进方向的两排墩柱之间的支腿及主梁外侧。

支腿临时固定设置：主梁的第 3 排钢管柱支撑；其他安装位置，墩柱上设置型钢＋精轧螺纹抱箍＋丝杠。

安装支腿：支腿拼装完成后，起吊支腿落在走行轨道上，将支腿分别临时固定于第 3 排钢管柱支撑或墩柱抱箍上。

安装主梁：吊装固定段主梁落于支腿上，栓接主梁与支腿、安装主梁间联系桁架片及主梁附属设施；解除支腿临时固结，顶升门架支腿底部千斤顶，使主梁底面高于第 1、2 排钢管柱牛腿梁 MEG 板的顶面，起吊调节段主梁与固定段主梁连接，主梁拼装完成后回缩支腿底部千斤顶，使主梁落于管柱牛腿顶部的 MEG 滑板上，支架正常工作状态按千斤顶不承力设计。

主梁顶面以上部分的施工为常规方案，在此不再赘述。

3) 支架落架、走行及就位

卸落盘扣顶托落架→拆除两侧调节段主梁顶面结构→顶升（下落）门架支腿底（顶）部千斤顶，使主梁与 MEG 板处于非受力状态→解除连接处精轧螺纹及一侧销轴→液压对称调节伸缩梁→回缩门架支腿底部千斤顶，使走行轮毂就位于走行轨道→支架走行至下一个墩→顶升门架支腿底部千斤顶，使主梁底面高于管柱牛腿 MEG 板的顶部→同步调直两侧调节段主梁并固定→回缩支腿底部千斤顶→安装两侧其他调节段主梁以及顶部盘扣支架部分。

(1) 盘扣落架。

盖梁浇筑完成、建立预应力后，卸落盘扣顶托，支撑千斤顶下降 10～15cm，使盖梁底模与盖梁底面分离≥10cm，施工时根据盖梁浇筑前的预拱值及预应力施加后的起拱值调整、确定最终分离量。

(2) 伸缩式梁。

每台设备由 4 根伸缩梁组成，伸缩梁对称布置，长度为 9.5m，伸缩梁如图 4.2-13 (a) 所示。伸缩梁伸缩走行通过主梁安装的电机驱动伸缩梁走行，伸缩梁上下盖板涂抹润滑脂减小摩擦，电机侧焊接有齿条和导正条。距伸缩梁端头 1.1m 处设置有千斤顶支座，通过伸缩梁的移动调整支座的位置。伸缩梁端头设有机械限位挡块，两侧设有电气限位。伸缩梁组装平台后如图 4.2-13 (b) 所示，伸缩梁上盖板通过压板固定小横梁 2，小横梁 2 上设有调整螺杆和平台护栏等装置，通过 U 形螺栓实现平台与小横梁 2、平台与平台之间的连接。

(3) 横联。

横联总成包含横联梁、连杆、摩擦板和导正轮，如图 4.2-14 所示。横联梁之间通过连杆连接，上设照明灯和伸缩限位。横联梁端头设有抗剪销，与主梁销孔配合通过螺栓连接为一体。每台设备包含两个横联总成，每个横联总成设有16块摩擦板。

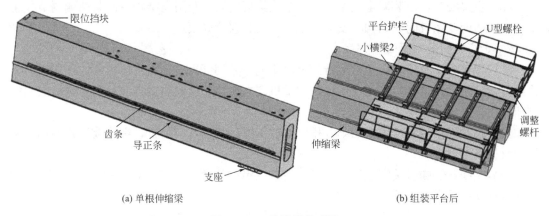

(a) 单根伸缩梁　　　　　　　　(b) 组装平台后

图 4.2-13　伸缩梁总成图

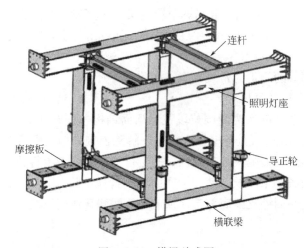

图 4.2-14　横梁总成图

(4) 接长段总成。

接长段主梁总成由接长段主梁 A 和接长段主梁 B 组成，长度分别为 7.7m 和 9.17m。接长段主梁与主梁通过 $d40$ 精轧螺纹钢连接，其中接长段主梁 A 与五套设备的主梁可实现互换连接，接长段主梁 B 与第三套设备可实现直接的互换连接。接长段主梁总成如图 4.2-15 所示。

接长段主梁 A 与主梁、接长段主梁 B 与接长段主梁 A 的连接通过精轧螺纹钢连接，使用螺栓拉伸器张紧精轧螺纹钢，连接如图 4.2-16 所示。

主梁调节就位后，回缩支腿底部千斤顶，使走行轮毂卡于走行轨道，启动走行电机，缓慢行走至下一个墩柱的既定位置。顶升支腿千斤顶，液压调直伸缩主梁并固定（图 4.2-17）。

整机在预定场地组装完成后，将顶升机构调至较低位置、伸缩梁缩回至机臂内侧、拆除支腿临时支撑进行走行，通过控制整机走行台车实现门架在钢轨上直线移动，在转弯时需要手动调节两个变频器参数控制内外轮速实现转弯。见图 4.2-18。

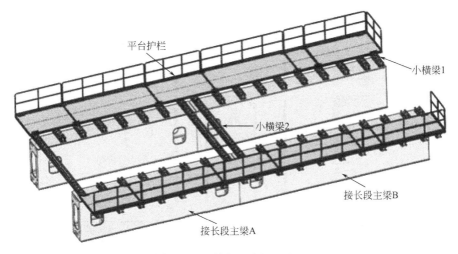

图 4.2-15　接长段主梁总成图

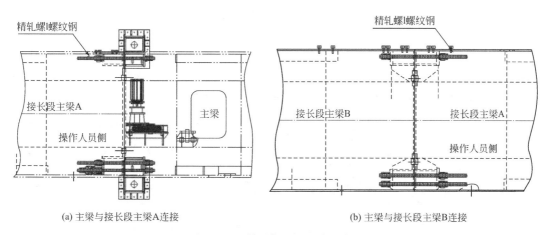

(a) 主梁与接长段主梁A连接　　　(b) 主梁与接长段主梁B连接

图 4.2-16　精轧螺纹钢连接示意图

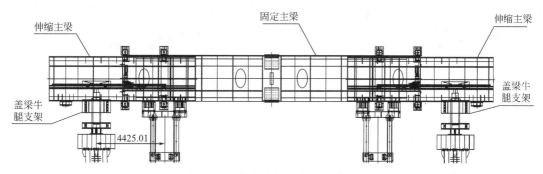

图 4.2-17　门架主梁调直后的位置图

门架走行至墩柱中心位置后,操作顶升机构实现支腿上升至模板支撑所要求的高度,顶升机构上升过程包括:上升时需要将横联框架与伸缩导柱连接销轴拆除,用销轴将顶升横梁和伸缩导柱连接,操作液压油缸伸出带动伸缩导柱上升,当油缸行程移动超过两个销

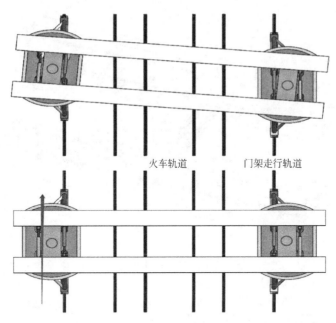

图 4.2-18　可调式移动支撑门架系统转向系统使用原理图

轴孔距离时，需要用销轴将横联框架与伸缩导柱连接，拔出顶升横梁和伸缩导柱销轴，将油缸缩短至低位后重复顶升机构上升过程至合适位置。见图 4.2-19。

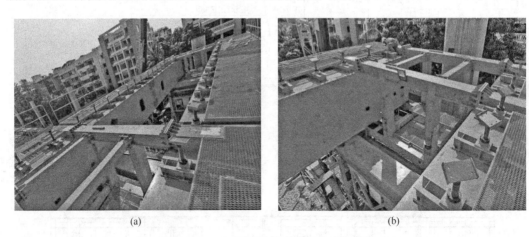

图 4.2-19　可调式移动支撑门架系统结构

操作伸缩梁伸出后插上伸缩梁与主梁和横联框架的定位销；主梁与走行轨±5°交角的实现是通过调整支腿托架两端放置的 4 个手动千斤顶来实现，4 个千斤顶对角向内伸出可以形成力偶使主梁沿支腿托梁上设置的轨迹线进行旋转。图 4.2-20 为可调式移动支撑门架系统台车与轨道，图 4.2-21 为可调式移动支撑门架系统安装作业。

主梁总成上盖板固结支撑横梁，操作人员通过转动大螺母可实现调整螺杆的升降，调整螺杆上放置有甲方提供的 H 型钢直接支撑底模，工作人员站立于平台上组装模板；伸缩梁上盖板同样固结有支撑横梁，通过旋转大螺母实现顶升螺杆的升降。图 4.2-22 为可调式移动支撑门架系统，图 4.2-23 为可调式移动支撑门架系统吊装作业。

(a)               (b)

图 4.2-20　可调式移动支撑门架系统台车与轨道

(a)               (b)

图 4.2-21　可调式移动支撑门架系统安装作业

(a)               (b)

图 4.2-22　可调式移动支撑门架系统

墩柱周围安装立柱和牛腿后，放置大吨位液压千斤顶 4 套，千斤顶支承位置按规定中心距放置于牛腿上固定，千斤顶上设有垫墩，垫墩与伸缩梁或主梁下盖板接触，通过调整两端千斤顶高度使主梁和伸缩梁保持水平，为伸缩梁或加长段主梁提供可靠、有效的支撑。图 4.2-24 为可调式移动支撑门架系统架设。

(a)            (b)

图 4.2-23   可调式移动支撑门架系统吊装作业

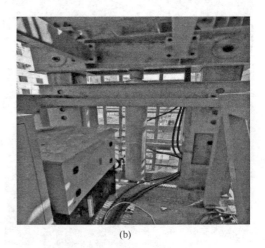

(a)            (b)

图 4.2-24   可调式移动支撑门架系统架设

调松主梁上4个转轴的螺母，降低伸缩机构的高度至最近销轴孔处，插上销轴，支腿托梁上放置距主梁下盖板合适高度的垫墩。当伸缩梁全部伸出后仍然无法满足墩柱外侧牛腿的支承距离要求时应接长段主梁，加长段按图纸提供的方案进行接长后，将支撑千斤顶支撑于加长段主梁上。图 4.2-25 为可调式移动支撑门架系统与运营铁路。

4) 盖梁浇筑施工

进行盖梁浇筑，盖梁浇筑完成后达到拆模条件时，拆除支腿托梁上放置的保护垫墩，降低支撑千斤顶的高度（推荐降 100mm），拆除模板连接装置，让底模自行脱落，将主梁上的侧模安全、稳固地放置于支撑横梁外侧，将伸缩梁上的所有模板和支撑横梁等部件全部吊至地面后拔出伸缩梁定位销，部分或全部缩回伸缩梁至不干涉整机走行为止。

(a)　　　　　　　　　　　　　　(b)

图 4.2-25　可调式移动支撑门架系统与运营铁路

特殊墩柱距离时应先拆除墩柱周围的立柱和牛腿后再进行整机走行,主梁上支撑横梁两端放置的模板超高,影响整机通过盖梁底面时,应将超高部分模板吊至地面后再走行。

整机走行前需调紧主梁上 4 个转轴的螺母,降低支腿的位置至合适的低位,插上顶升机构上的销轴,确保安全的前提下再进行穿越盖梁底面进行走行。

重复上述步骤完成相邻盖梁的模板支撑工作,至全部盖梁浇筑完成后拆除此设备。

### 5. 材料与设备

施工前必须对原材料进行检测并提供检测报告,提供原材料、混凝土配合比设计报告和复核报告,并确认符合要求。由监理工程师签认,确认集料、填料、钢筋、机械设备等没有发生变化和符合要求后方可施工。

### 6. 主要材料

主要材料表见表 4.2-1。

主要材料表　　　　　　　　　　　　　　　　　　表 4.2-1

| 序号 | 材料名称 | 规格、型号 | 备注 |
|---|---|---|---|
| 1 | 水泥 | 42.5,42.5R,52.5,52.5R | 盖梁 |
| 2 | 砂 | 中粗砂 | 盖梁 |
| 3 | 集料 | 粗集料,细集料 | 盖梁 |
| 4 | 钢筋 | HRB400,HRB500E | 盖梁 |
| 5 | 水 |  | 盖梁 |
| 6 | 钢材 | HN700 型钢或 HN350 型钢 | 轨道梁 |
| 7 | 土 |  | 基础 |
| 8 | 固定膨胀螺栓 | M16,M20,M24 | 基础 |
| 9 | 钢管柱 | 直径 600mm | 基础 |
| 10 | 模板 |  | 盖梁 |

### 7. 主要机械设备

主要施工设备与机具表见表 4.2-2。

主要施工设备与机具表　　　　　表 4.2-2

| 序号 | 设备名称 | 设备型号 | 数量 | 备注 |
|---|---|---|---|---|
| 1 | 可调式移动门架 | TYM8000 | 1台 | |
| 2 | 液压旋转千斤顶 | ED—160 | 4套 | |
| 3 | 全液压汽车起重机 | STC500 | 1台 | |
| 4 | 混凝土运输车 | WP1336 | 2辆 | |
| 5 | 装载机 | CLGZL50CJLL666130—50 | 1台 | |
| 6 | 混凝土振捣器 | ZN50 | 2台 | |

### 8. 质量控制

1）质量控制标准

（1）《公路工程施工安全技术规范》JTG F90—2015。

（2）《公路工程质量检验评定标准　第一册　土建工程》JTG F80/1—2017。

（3）《混凝土结构设计规范（2015年版）》GB 50010—2010。

（4）《建筑地基基础设计规范》GB 50007—2011。

（5）《建筑桩基技术规范》JGJ 94—2008。

（6）《钢结构设计标准》GB 50017—2017。

（7）《起重机设计规范》GB/T 3811—2008。

（8）《起重机械安全规程》GB/T 6067。

（9）《起重设备安装工程施工及验收规范》GB 50278—2010。

（10）《钢结构工程施工质量验收标准》GB 50205—2020。

2）原材料的质量控制

（1）水泥。

水泥为普通硅酸盐水泥（P·O42.5），水泥进场必须分厂家按照批次分类堆放，必须有出厂合格证明与试验资料，禁止使用超期和受潮结块的水泥。应以国家技术标准的规定作为依据，对进场水泥的品种、级别、包装、出厂日期等进行检查，同时对其强度和其他必要的性能指标进行复验。

（2）水的控制。

采用一般工程用水，参考国家关于普通水泥混凝土用水标准手册，禁止采用含有垃圾和油污等污染的水，以免对盖梁混凝土强度和耐久性产生不利作用。

（3）集料与砂。

集料为粗集料和细集料，其技术指标应符合技术标准。集料应洁净，以立方体形状为主，棱角明显，选用强度高的岩性，连续级配好，同颜色，含泥量小于0.8%且不含杂物。细骨料选用中粗砂，应洁净，含泥量小于1%，不得含有杂物。

(4) 钢材。

钢材应有出厂质量证明书和试验报告单，进场时应检查其外观和标志，按照不同的钢种、等级、标号、规格和生产厂家分批抽取试样进行力学性能试验检验，检验方法应符合现行国家技术标准和规范的要求，技术指标完全符合要求后方可使用。

(5) 固定膨胀螺栓、钢管柱、模板。

固定膨胀螺栓、钢管柱、模板等材料应符合技术规范的质量要求，其材料性能试验报告应规范。

3) 施工方法质量控制

(1) 使用可调式移动支撑门架系统开展骑行铁路线环境下桥梁盖梁施工工作应严格按照项目部专项施工方案和施工工艺流程施工，不得擅自改变或者不遵守施工方案和工艺流程。

(2) 落实每道工序的衔接管理和检查、验收，上一道工序未经检验合格，严禁进行下道工序。

盖梁实测项目见表 4.2-3。

**盖梁实测项目** 表 4.2-3

| 项次 | 检查项目 | 规定值及允许偏差 | 检查方法和频率 |
| --- | --- | --- | --- |
| 1 | 混凝土强度(MPa) | 在合格标准内 | 抽样实测 |
| 2 | 断面尺寸(mm) | ±20 | 尺量：测 3 个断面 |
| 3 | 轴线偏位(mm) | ≤10 | 全站仪：纵横向各测 2 点 |
| 4 | 顶面高程(mm) | ±10 | 水准仪：测 5 点 |
| 5 | 支座垫石预留位置(mm) | ≤10 | 尺量：每个检测 |
| 6 | 平整度(mm) | ≤8 | 2m 直尺：顺盖梁长度方向每侧面测 3 处 |

4) 质量控制关键点

(1) 对施工作业人员进行技术交底、现场培训。

(2) 各类机械及物资必须有厂家的试验报告和出厂合格质量证明，大型机械需进场报验，定期检修，保养，测量仪器需要按规定校核。

(3) 用小锤（约 0.3kg）敲击螺母对高强度螺栓进行检查，不得漏拧。

(4) 终拧扭矩应按节点数抽查 10%，且不应少于 10 个节点；对每个被抽查节点应按螺栓数抽查 10%，且不应少于 2 个螺栓。

(5) 检查时先在螺杆端面和螺母上画一直线，然后将螺母拧松约 60°；再用扭矩扳手重新拧紧，使两线重合，测得此时的扭矩应在 0.9~1.1 倍的检查扭矩（终拧扭矩）范围内。

(6) 如发现有不符合规定的，应再扩大 1 倍检查，如仍有不合格者，则整个节点的高强度螺栓应重新施拧；扭矩检查在螺栓终拧 1h 以后、24h 之前完成；检查的扭矩扳手，其相对误差应为 ±3%。

(7) 模板加工及安装时，模板加固完成后，对模板进行检查，混凝土浇筑时应设专人维护模板和支架，如有变形、移位，应立即校正并加固。预埋件、保护层等发现问题时，应及时采取措施纠正。

9. 安全措施

1)隔离封闭施工区域

骑行铁路线的段落紧邻市区,交通极其拥堵,大量人员在铁道上来回穿梭、行走(图 4.2-26)。进场伊始,基于跨铁路线桥梁区域的实际情况,在轨道两侧 2.1m 处全部安装网格围栏,将运营的铁路线和施工区域分开(图 4.2-27);沿征地红线设置了薄钢板围挡(图 4.2-27)。在铁路平交口设置了专职安全员和安保人员,配置对讲机、信号旗等实时通信设备,对施工车辆进行疏导。

图 4.2-26 铁路运行区域隔离网格围栏

图 4.2-27 施工区域薄钢板围挡防护

2)铁路线上盖梁施工防护

主梁顶部分配梁两端设置防护栏杆,栏杆底部设置 20cm 高防落踢脚板;分配梁外侧设置钢板型钢施工平台;外侧支架向内第一排方格加防落木胶板;主梁之间底部设置检修及工作平台;使主梁底面至顶层施工平台形成一个封闭空间,防止人员及散物掉落(图 4.2-28)。

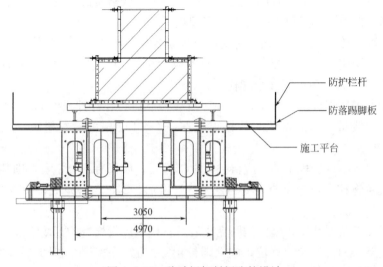

图 4.2-28 移动门架封闭防护设计

## 4.3 本章小结

本章围绕移动式门架基础施工、可调式移动式门架系统设计与施工方法等方面详细阐述可调式移动式门架细部设计方案，施工技术与工程应用技术，可以作为骑行运营铁路线桥梁施工的成套装备和施工技术支撑。

# 第五章

# 交通组织与主动安全控制策略

## 5.1 交通条件

### 5.1.1 交通概况

1. 项目概况

孟加拉国达卡机场高架快速路，是中国"一带一路"倡议的重要组成部分，项目位于孟加拉国首都达卡，起于达卡国际机场，终于达卡→吉大港公路起点，贯穿达卡主城区南北。主线全长 19.73km，匝道共 32 条 27.4km，连接主要的商业区，包含一条 3.1km 的连接线连接新市场、达卡大学和沙巴区域的索那高立交桥。8 个收费广场、43 个收费亭、收费系统、交通监控系统、运行系统等附属设施（如交通标志、路灯、收费系统、监控系统、供电、给水排水系统及信号系统等）。

主线结构形式为左右连体，桥宽 20.56m，分幅双向 4 车道设计，设计时速 80km/h。群桩基础上设承台；桥墩分单墩和双墩两种形式，单墩有 Y 形、大花瓶形两种结构，双墩有门形、Y+小花瓶形、大+小花瓶形三种结构。

近期，经过一夜的连续奋战（图 5.1-1），孟加拉国达卡高架快速路项目首个跨铁路及公路高架桥钢箱梁整体运转及架设工作顺利完成。

此次架设钢箱梁长 40m、高 2.5m、宽 1m，重 68t，架设高度超过 28m，下部结构为门式墩柱。由于吊装地点位于铁路边缘，须跨越铁路运营线及现有公路桥梁，施工地形狭小、交通干扰大、时间紧凑，要在保证铁路交通不受干扰的前提下高效安全施工，只能利用夜间窗口期进行吊装，为尽可能缩短作业时间，项目部超前谋划，多方协调论证，优化工序，通过将钢箱梁转运至市政公

图 5.1-1 夜间施工现场图

路桥梁上进行吊装（图 5.1-2），顺利完成了施工任务。从现场施工组织到后勤服务保障，南亚分公司分工明确到人、职责细分到项；施工过程实行领导带班制，安排专人负责施工

现场安全、质量，为工程平稳有序推进打下了坚实的基础。

2. 交通分析管理理论

1）HSE 管理体系的应用

HSE 管理体系是先进的科学管理思想，具体指实施职业健康管理、安全管理与环境管理的组织机构、策划活动、制度、程序、人员职责、过程和资源等集合构成的动态管理系统。H（健康）是指员工不仅身体上没有疾病，而且心理状态良好；S（安全）是指在生产过程中，严格控制生产安全风险因素，保证员工的身体健康和安全，保障企业经济利益，使得生产顺利安全进

图 5.1-2　吊装施工

行；E（环境）是指生产作业过程或者项目本身对周围环境造成的扰动、破坏、污染，环境管理的目的在于采取一定的措施减少作业活动过程对自然环境、生态环境的破坏。

HSE 管理是一种开放的动态式管理，按照 PDCA 循环模式（即计划→实施→检查→改进）运行，通过不断改进和制定计划，使整个管理体系不断完善和持续改进，最终实现 HSE 管理目标。

HSE 管理体系的核心是风险管理，通过对项目交通风险的整体把握有利于确定交通组织设计的重点，即针对项目主要的交通风险进行交通组织设计。

2）BP 神经网络理论（马晓彤 HSE 模型分析理论）

BP（Back Propagation）神经网络是一种按误差逆向传播训练的多层前馈网络，由 Rumelhart 等人于 1986 年提出。BP 神经网络的拓扑结构如图 5.1-3 所示。

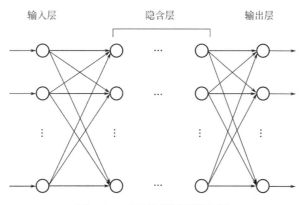

图 5.1-3　BP 神经网络结构图

BP 神经网络的学习过程由信息正向传播和误差反向传播构成。输入矢量从输入层经隐含层逐层处理向输出层传播。然后，BP 网络分析系统实际输出和期望输出的误差，如果误差达不到要求，则将误差信号从输出层按照降低误差的方向反向传播，通过调整各层神经元的权值和阈值，对其进行反复地率定，直至网络误差满足要求。

基于 BP 神经网络的综合评价方法自学习能力强、泛化能力强、运算速度快，能较好地模拟专家进行综合评价的过程，选用 BP 神经网络作为项目的评价模型，可以实现对高速铁路桥梁施工 HSE 风险的评价。

3. 交通仿真系统

1) 交通仿真定义

仿真指的是模仿真实的事物，也可以简称为模拟。自 20 世纪 60 年代以来，交通仿真是随着计算机技术的发展和进步，利用计算机数字模型来反映复杂的交通道路现象，对道路交通的流量进行分析的技术和方法。从测试的角度来看，道路交通仿真是一个模拟的交通流空间和时间的变化的模拟技术。交通仿真是基于系统工程、交通工程、相似原理和信息技术的基本理论和专业技术，以计算机为主要工具，利用系统仿真模型模拟道路交通系统的运行状态，采用数字模式或图形模式来描述动态交通系统的一门实用技术。

2) 交通仿真基本原理

与传统的交通分析技术一样，交通仿真技术也使用"四阶段"推定的方法（图 5.1-4）："四阶段"推定法首先取得能反映交通区域车流运行规律的调查点断面交通量，然后分析历年交通运输与社会经济发展之间的对应关系，假定分析的未来交通量与经济相匹配，则可以得到未来的交通小区发生量和吸引量，然后根据这个理论，按照一定的方法如费雷特法（JSFratorthod）、底特律法（Detroit 方法），分布在各个交通领域内取得未来年交通 OD 表，以上通过分析交通流量和经济关系得到交通 OD 表的过程被称为"分"的过程。然后，在得到交通 OD 表后，通过费雷特法或者底特律法在每个单元格中，具有相同的分布交通，因具有相同的交通特性以及交通流分布，会被分别分配给一条特定的道路，并通过交通量预测法得到未来的道路网络每个路段的交通量，以上这种通过费雷特法获得道路网未来交通量的过程是"合"的过程。总之，整个"四阶段"法，就是利用交通预测理论和相关原理，通过分析交通量与经济的关系，从而使交通流量合理"分""合"的过程。

图 5.1-4 "四阶段"推定法工作步骤

## 5.1.2 交通组织设计目的及设计原则

1. 交通组织的设计目的

达卡机场高架桥快速路项目交通组织设计的目的，在于充分发挥达卡市现有道路网的效能，合理地协调道路网，局部利益与整体利益之间的关系，使车辆在整个研究区域的道路网上有序高效地运行，从而最大限度地节约道路网络资源，消除道路交通事故隐患，使道路网络的通行能力和施工前尽可能一致，以缓解道路交通矛盾。

新建机场高架桥连接市内各个区域，沿线经过城市商业成熟区，也是沿线居民出行客流集中、公交线路密集的区域，施工期间对居民的出行和车辆通行的影响较大，如果在施工占道中的交通设计研究得不够，缺乏系统和整体思想，就会导致施工期交通组织无序、交通疏导盲目，经常造成长时间交通拥堵等被动局面，为此，应高度重视城市道路施工期阶段的交通组织设计研究。

## 2. 交通组织的设计原则

1）以人为本，保证施工直接影响区域内居民的正常出行

由于跨线施工对市区道路、公交等造成了一定影响，从而直接影响到区域内居民的正常出行。在制定地面交通疏解方案时，需切实关注施工直接影响区域内居民的出行需要，保证居民正常出行，尤其是线位沿线居民的正常出行。

2）优先保证公共交通、特种车辆的道路使用权

跨线施工期间部分道路被占用或封闭，道路资源有限。在这种情况下，优先保证公交的道路通行权，尽量减小对广大市民造成的不便。同时，优先保证警车、消防车、救护车等特种车辆的道路使用权。

3）交通分离原则

交通分离原则是指采用科学的交通管理手段，对不同流向、不同车型种类、不同特点的交通流在时间和空间上进行分离，避免发生交通冲突。交通分离分为时间分离和空间分离，交通空间分离主要依靠交通标志、交通标线来实现；交通时间分离依靠信号控制相位来实现。

4）交通连续原则

交通连续原则是指在保证大多数人在交通活动过程中，在时间、空间、交通方式上不产生间断，是搞好交通秩序管理的基本保证。例如，车道数保持原有行车道数，信号灯重新调整实现施工期信号绿波带，以保证车流在时间上的连续，以及施工阻断交通后通过架设钢便桥设施等。

5）交通负荷均分原则

由于施工占用道路段交通负荷比正常道路交通负荷大，需要对施工占用道路周围路网重新进行交通流分配，以达到道路施工占用区域的交通压力与周边路网平衡，不至于在施工某个点造成道路交通拥堵。将道路交通拥堵处的交通压力转移一部分给非交通拥堵处，即为交通负荷均分，关键在于转移多少交通压力和转移到哪里去合适（作用点）。

6）交通总量控制原则

交通总量控制原则指的是当区域道路网某一处的总体交通负荷接近于饱和时，并且没有交通压力转移的余地，可以采取禁限部分车种行驶来削减交通总流量。

7）合理组织施工

直接影响区域内的机动车辆行驶，尽量减小施工运输车辆与其他车辆之间的相互干扰。在道路施工期间，将有大量的大型施工运输车辆在市区内行驶，造成施工运输车辆与其他机动车辆之间的相互干扰，需合理组织施工直接影响区域内的机动车辆行驶，为施工运输车辆制定特定的行驶路线。

8）通行能力资源配置原则

通行能力资源配置核心是上下游相同流向的道路通行能力匹配问题，也就是上游道路路段的最大通行能力应与下游道路路段所能提供的最大通行调控能力相适应，施工后重新划分的车道配置不应出现"瓶颈"。

9）动静态交通组织相结合原则

通过由静态交通组织向动态交通组织转化，由追求道路路段的最大通行能力逐步向追求道路网的最大调控能力发展，解决好道路通行能力分配以及道路交通负荷均分问题，防

止交通压力过于集中于某一道路而造成交通拥堵的状况出现。

## 5.1.3 交通组织常用方法

### 1. 微观交通组织

微观交通组织是整体交通组织的基础,它包括路口交通组织、路段交通组织、路口路段一体化交通组织。按事物发展先后顺序来看,微观交通组织的内容有:路口禁限流向与车种的确定、路口放行方法的确定、路口渠化、信号相位设置、信号相序与配时方案、路口管理方案、路段行人过街组织与渠化、路段公交站点及公交车道设计与渠化、车道组织等。

### 2. 区域交通组织

区域可以看成是一个放大的节点,可以按照微观交通组织的思路去进行区域交通组织。与微观交通组织不同的是,微观交通组织的重点是在时间上要分秒必争,在空间上要寸土必争,重在不同种类、不同流向交通流的冲突分离;而区域性交通组织解决的是路网中一块局部范围的"心肌梗",其重点是区域内部以空间微观调整和时间流量上的削峰填谷为主,在区域外部以空间流量上的控密补稀为主,重在解决路网交通负荷均分。

对于拥堵的区域,从交通流构成看,在内部生成流量、外部过境流量和到达流量,这是区域内的交通需求。从道路条件上看,有路网结构、通行能力和停车泊位,这是区域内的交通供给。路网结构不合理,会造成区域内交通压力分布不均;而交通供需矛盾倒置,又会造成区域内交通压力的升高。在拥堵区域内,一方面要调整交通组织,均衡内部交通压力的时空分布;另一方面通过交通需求控制,来缓解交通供给不足所造成的交通压力,在拥堵区域外界以外,重新组织交通流,把能造成拥堵影响的交通流提前组织出时空范围以外,以减轻拥堵区域的交通压力。

### 3. 宏观交通组织

宏观交通组织是指从交通需求控制出发,按照路网压力时间空间均分的要求,在政策、策略、措施层面上进行交通组织。例如,通过政策控制机动车保有量增长的速度、公交优先、错峰上下班、经济调控等。

项目施工段贯穿城区主要商业区,两侧建筑物密集,由于线路较长跨越众多现有道路,对道路交通设施、过往车辆通行以及周边居民的日常出行和生活生产产生了不同程度的影响。为确保工程的顺利实施,同时将不利影响尽量降低,应全面分析项目施工对周边交通环境造成的影响。

## 5.1.4 占道施工区划分及功能

占道施工区由警告区、上游过渡区、缓冲区、作业区、下游过渡区、终止区六个部分构成。占道施工区结构组成见图5.1-5,交通控制区的划分见图5.1-6。

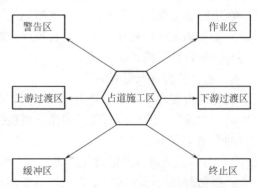

图 5.1-5 占道施工区结构组成

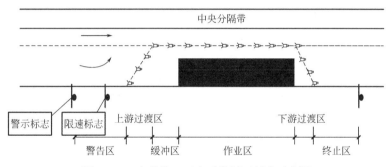

图 5.1-6 占道施工区交通控制区划分示意图

1. 警告区

警告区是交通控制区的最前端区域,目的是用来警告车辆和行人即将进入占道施工区域,提醒驾驶员和行人前方道路发生变化,需要提高注意力,按照交通标志调整行进状态。警告区内应设置前方施工标志、车辆限速标志以及车道数变化标志。警告区有最小长度要求,应该是能确保驶入车辆减速至作业区限速要求所需要的警告区路段的最小长度。

2. 上游过渡区

上游过渡区的设置是为了确保车辆能够平稳地改变行车方向,从即将封闭的车道变换至旁边的未封闭车道,它的长度与车辆行驶速度以及道路宽度有关系,需要确保车辆可以顺利减速合流至旁边车道。

3. 缓冲区

缓冲区的位置介于上游过渡区与作业区之间,分隔交通区域和施工作业区域,主要考虑若车辆产生意外或驾驶员判断操作出现失误,车辆直接从过渡区冲入作业区发生交通安全事故,此时可以为失误车辆提供缓冲区域,为施工人员和施工车辆提供安全保证。

4. 作业区

作业区就是施工作业进行的区域,通常使用障碍物将外部车辆行人与施工作业活动进行隔离,互不干扰,保证各自安全。车辆通过作业区时不得超车,只能跟车行驶,保证交通环境安全。

5. 下游过渡区

下游过渡区的设置是为了保证车辆通过作业区后,安全平稳地从作业区的相邻车道变道行驶至原先正常车道。

6. 终止区

终止区设置于交通控制区的最末端区域,用于引导调整车辆的行驶状态,告知驾驶员施工区域已经结束,施工区限速解除,道路条件恢复正常,车辆可以正常行驶。

## 5.1.5 影响因素分析

1. 施工对道路的影响

1)道路交通环境

施工区域的道路交通环境会发生显著变化,施工区域修建临时便道,施工人员以及周围行人时常穿越道路,加上施工区域经常会有出土运输车辆或混凝土运输车辆等大型车辆设备进出场地,与其他机动车辆混行,这些因素都会对过往的车辆造成一定程度的干扰。

2) 道路断面形式

施工围挡占用了部分道路,改变了原本的道路断面形式,造成正常车道数量减少,非机动车道被迫变为机动车道,公交专用车道被取消,在道路资源紧张的情况下,有时还会缩减车道宽度。车道数量的减少和宽度缩减对于车辆行驶有明显的影响,由于道路上各种车辆种类不同,车辆的车身宽度有所不同,车道宽度缩减造成车辆横向间距缩小,导致车辆横向阻抗增大。尤其是在超车的过程中,车流运动会受到限制,驾驶员只能寻找较大的纵向空隙来维持车流运动的平衡。在项目施工期间,为了获得足够的施工场地,同时确保交通不被中断,难以避免地会压缩或减少行车道,明显降低了施工区域的道路通行能力,造成道路水平下降。同时,通行能力的降低致使部分车流转移至与施工道路平行的周边道路上,导致区域周边道路交通压力增大。

3) 侧向净空

施工现场为了确保足够的施工场地,必须充分地利用道路空间,这样就会造成道路侧向净空减少。车辆通过该区域时,由于施工作业区的围挡或者警告标志距离开放车道很近,驾驶员心理受到影响,导致车辆在车道内的位置与道路边缘的距离大于理想条件,同时会下意识降低车速,拉大与前车之间的距离,交通密度随之降低。

4) 道路线形

施工围挡占用道路,原有的直线线形被迫变为小曲线,导致道路线形的不顺畅与不协调。车辆驶入施工区域时,由于车道发生变化,车辆被迫进行换道,发生交织,容易造成车辆之间发生刮擦、追尾等事故,特别是公交车等大型车辆,甚至有可能与施工围挡发生碰撞。当车辆由正常路段进入施工路段时沿"S"形道路行驶,若车辆减速不及时,可能会产生过大的横向离心力,容易引起车辆的侧滑或倾翻,造成交通安全事故,曲线段的曲线半径越小,车辆就必须以越低的车速通过才能保证行车安全,这样就造成了车辆在此拥挤,产生瓶颈,道路通行能力下降。

5) 道路状况

在项目施工期间,施工区域周边道路长期受到重型车辆反复碾压,加上文明环保施工要求,施工区域经常洒水降尘,共同作用下会造成道路结构损坏,降低道路使用寿命。另外,为了满足道路通行能力需要,在施工场地占用机动车道的情况下,部分或者全部的非机动车道以及人行道在经过简单处理后,会被临时改造为机动车道,这部分道路的承载能力以及平整度都低于正常路面,会影响车辆的行驶速度及行车舒适性,进而造成道路通行能力和服务水平的下降。

6) 交通设施

占道施工还会影响道路上许多交通设施的正常使用。例如在交叉口的施工可能会影响交叉口的交通信号控制设施,导致原本的装置无法使用,需要增加临时信号灯;城市道路的路面排水设施一般都设置在路缘带,若被施工围挡占用,很可能会影响正常排水,造成路面范围积水,影响车辆及行人通行;在施工区域,由于道路的开挖和围挡,路面上原有的标线被破坏,道路两侧的交通标志牌也可能会被拆除,同时由于施工造成道路交通秩序产生新的变化,需要设置施工期间临时交通诱导标志或警示标志,确保交通信息的及时更新。

## 2. 施工对道路交叉口的影响

### 1) 完全占用交叉口

完全占用交叉口,就是在交叉口的中心位置进行施工,将交叉口的各个方向的进口道完全封闭,导致车辆及行人都无法通行,交叉口的功能完全丧失。这种情况一般只会出现在特殊情况下,比如紧急的抢险工程,或者夜间车流量很少时进行临时的围挡施工,不会长时间占用。

### 2) 占用交叉口中心位置

施工场地位于交叉口的中心区域,相当于在交叉口中心设置了中心岛,类似于将交叉口改造为环形交叉口或者 T 形交叉口。这种占用形式减少了交叉口的面积,同时也改变了交叉口原本的冲突点、合流点和分流点,这种施工占道形式对于右转车辆的行驶没有影响,但是造成了原本直行或左转通过的车辆需要曲线行驶甚至需要在交叉口其他方向的道路上进行掉头才能通过交叉口,这些都增加了车辆在交叉口区域的行驶时间,增大了交通拥堵的概率。另外,围挡的存在也阻碍了驾驶员的视线,限制了行车视距,影响车辆安全行驶。

### 3) 占用部分进口车道或出口车道

进口车道的通行能力影响了整个交叉口的通行能力,占用进口车道施工,导致道路线形发生改变,进口车道数减少或者车道宽度变窄,都会造成车辆行驶速度的降低,增大交通密度,形成排队或者拥堵,降低进口车道通行能力。而占用出口车道,会造成交叉口车道数量的不匹配,当进口车道车流量增大时,由于出口车道被部分占用,车辆就需要在交叉口中心区域排队等待,影响其他方向车辆通过交叉口,造成拥堵。

### 4) 占用交叉口转角区域

施工围挡只占用交叉口的转角区域,基本不占用机动车道,这种占用对交通影响相对较小,但是由于转角处的施工围挡阻碍了正常的视距三角,造成了车辆在驶入交叉口之前驾驶员很难观察到道路两侧的交通状况,因此需要降低车速,在确定安全的情况下才能通过交叉口。

## 3. 施工对机动车的影响

### 1) 施工区车辆换道行为

车辆由正常道路驶入施工区域道路的过程中,由于车道数的减少,车辆为保证正常行驶需要进行车道变换。车道变换可以分为自由车道变换和强制车道变换。自由车道变换,是车辆驾驶员为了超越同一车道内行驶速度较慢的前车达到期望的车速而进行的车道变换行为,因为换道车辆在之前的车道也可以保持正常行驶,因此该行为是驾驶员的自由选择,不是必须完成的,因此不具有强制性。强制车道变换是因为在车辆行驶过程中,驾驶员发现当前车道前方路段存在障碍物或其他导致车辆不能继续在该车道行驶的因素,车辆必须换道行驶。驾驶员在决定进行换道后,会降低车速并观察邻近车道的情况,判断是否可以换道,若不能立即换道,则需停车等待合适的机会完成车辆换道行为。

项目施工占道区的车辆换道行为基本都属于强制车道变换。当驾驶员在车辆行驶过程中发现警告区的警示标志,提醒前方车道封闭,车辆需要变道行驶,驾驶员会采取措施变换车道,这一行为具有明显的强制性。在这一过程中,封闭车道行驶的车辆需要降低车速,导致交通流密度增大;同时变换车道,与相邻开放车道正常行驶的车辆发生交织,产生行车干扰,在施工区域造成交通冲突。车辆换道行为在施工区造成的交通冲突主要有三种:合流冲突、通过冲突和分流冲突。其中合流冲突是占道施工区内最主要的交通冲突。

(1) 合流冲突。

车辆从警告区驶入、上游过渡区,此时车道数开始逐渐减少,封闭车道的车辆不断地向开放车道进行变换,当交通密度较大时,此区域会发生排队现象,车辆都想优先通过该区域,容易产生冲突。

(2) 通过冲突。

车辆在作业区行驶时,因为车道数量减少,不具备超车条件,车辆产生跟驰特性,此时由于前后车之间的间距很近,当后车速度高于前车时,或者前车紧急制动,后车驾驶员来不及反应的时候,车流内部容易发生追尾冲突。

(3) 分流冲突。

当车辆通过作业区,进入下游过渡区时,封闭的车道逐渐开放,道路逐步恢复正常,车辆开始进行换道驶入正常车道,这个过程中由于驾驶员视线的开阔,心理状态由之前通过作业区的紧张转变为放松,同时车辆开始加速以及发生变换车道行为,就可能产生交通冲突。

2) 施工区车辆跟驰行为

车辆驶入施工区域后,由于道路狭窄,车道减少,车速降低,车辆之间间距较小,交通流密度增大,道路不具备超车条件,车流里任意车辆的速度都会受到前车车速的影响,驾驶员为了节约行车时间,会紧密且安全地按照前车的车速发生变化而采用相应的车速,这时的车辆处于非自由行驶状态。非自由行驶状态的逐一跟驰车辆具有以下行驶特性:

(1) 制约性。

在车队中,驾驶员出于对行驶时间的考虑,总是跟随前车运行,不愿意被拉开车距,这就是"紧随要求"。从安全方面考虑,跟驰行为车辆需要具备两个条件:第一是后车的速度不可以长时间的大于前车的速度,只能够以接近前车速度的车速行驶,否则容易引起事故,这是"车速条件";第二是两车之间必须具有一定长度的安全距离,在前车突然紧急制动时,后车驾驶员有足够的反应时间做出应对,采取制动,这是"间距条件"。紧随要求、车速条件和间距条件这三点组成了车队跟驰行为的制约性。

(2) 延迟性。

依据制约性可以看出,前车的行驶状态产生变化的时候,后车的状态也要进行改变,但是两车状态的变化并不是同步发生的,后车始终迟于前车。这是因为当前车的行驶状态产生变化后,后车驾驶员需要有一个反应过程来应对前车的变化,驾驶员在经过反应时间后作出相应动作,就是延迟性。

(3) 传递性。

由制约性可以看出,跟驰行驶车队中第一辆车的行驶状态变化会制约第二辆车的行驶状态,紧随其后每一辆车都会受到前一辆车的制约,这就是传递性。

4. 施工对非机动车及行人的影响

项目施工阶段的交通组织方案和交通疏导计划往往偏重机动车辆,对于非机动车的疏导方案往往重视不足。占用道路一侧的施工围挡会直接占用非机动车道,而占用道路中央的围挡在占用机动车道后,会为了优先保证机动车辆的行驶将非机动车道临时改造为机动车道,这两种情况都导致了非机动车在通过施工路段时没有专用车道,需要与机动车或行人抢道。同时，非机动车本身具有灵活的特点，在正常道路条件下行驶的过程中，也存在随意变道、占用机动车道行驶、闯红灯、逆行等交通违法行为，因此当非机动车道被占用时，更加难以管理，容易与机动车发生冲突，影响正常交通秩序。

由于行人行走的自由性和随机性大，选择较多，因此在项目施工占用人行道时，一般不会发生行人拥挤现象，但由于人行道宽度缩减，行走速度会降低，有时还需绕行，增加行走距离。另外，当项目施工围挡大幅占用机动车道时，为了优先保证机动车的通行，人行道往往会被临时改造为机动车道或非机动车道，这时，行人就需要与各种车辆混行，存在很大的安全隐患。此外，当施工围挡位于道路交叉口时，交叉口的形式可能发生改变，原有的过街人行横道被施工区域占用，行人的过街位置发生变化，增大了与机动车辆和非机动车辆发生冲突的概率。

5. 施工对周边单位的影响

当施工围挡占用道路一侧时，将会影响沿线单位出入口的正常使用，车辆进出不便，同时由于围挡阻碍视线，影响行车视距，对道路上正常行驶的车辆及出入口的进出车辆均形成安全隐患。另外，由于施工围挡造成通行不便，行人减少，路边无法停放车辆，对围挡周边的商户影响严重，不仅造成其出入困难，还会降低商业收益。因此，在施工过程中应合理安排交通疏导措施，设置围挡时尽量预留空间，尽量保证周边单位行人和车辆的出入安全，确保周边商户的正常营业。

## 5.1.6 交通组织方案

1. 交通组织方案设计流程

在跨线施工项目的道路交通量调查研究基础的前提下，对现有道路状况及施工道路通行能力、服务水平进行分析评价。结合主体工程和附属工程的施工方式，初步确定交通组织方案。交通组织方案的内容主要为路基、路面、桥梁、服务区、收费站等多项施工交通组织；交通组织具体设计流程如图 5.1-7 所示。

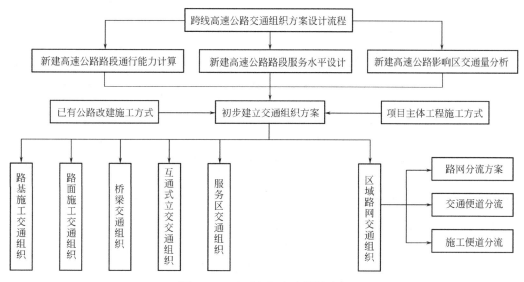

图 5.1-7 交通组织方案设计流程

2. 施工区道路通行能力计算模型

1) 通行能力计算

根据美国 HCM2000 结合不同服务水平下的基本通行能力，综合考虑施工条件下各种影响因素，进行修正和折减，得出各瓶颈点最终通行能力。下面主要介绍道路通行能力修正方法，主要考虑的因素有 $f_w$、$f_{HV}$、$f_p$、$f_i$。

$$C = f_w \times f_{HV} \times f_p \times f_i \times C_0 \times n \tag{5.1-1}$$

式中：$C$——施工区通行能力（pcu/h）；

$C_0$——限制速度下高速公路基本路段每车道的通行能力（pcu/h）；

$f_w$——车道宽度及侧向净宽修正系数；

$f_{HV}$——大型车修正系数；

$f_p$——驾驶员对环境熟悉程度修正系数；

$f_i$——施工区施工强度修正系数；

$n$——行车道数，取自然数 1、2、3……

2) 参数说明

(1) 限制速度下每车道通行能力 $C_0$ 的取值见表 5.1-1。

**不同限制条件下的道路通行能力（理想状态）** 表 5.1-1

| 限制车速(km/h) | 120 | 100 | 80 | 60 | 40 |
|---|---|---|---|---|---|
| 通行能力(pcu/h) | 2200 | 2100 | 2000 | 1800 | 1600 |

(2) 车道宽度及侧向净宽修正。

根据施工期间交通理论特性分析，车道宽度与车头时距成反比。当车道宽度越小时，车头时距越大，道路通行能力越小。车道宽度及侧向净空，在各个施工区时段及施工位置中都有差异，具体取值见表 5.1-2。

**车道宽度及侧向净空的修正系数** 表 5.1-2

| 侧向净空(m) | 车道宽度(m) | | | |
|---|---|---|---|---|
| | 3.75 | 3.5 | 3.75 | 3.5 |
| | 行车道一边没有障碍物 | | 行车道一边有障碍物 | |
| >1.75 | 1.00 | 0.97 | 1.00 | 0.97 |
| 1.60 | 0.99 | 0.96 | 0.99 | 0.96 |
| 1.20 | 0.99 | 0.96 | 0.98 | 0.95 |
| 0.90 | 0.98 | 0.95 | 0.96 | 0.93 |
| 0.60 | 0.97 | 0.94 | 0.94 | 0.94 |
| 0.30 | 0.93 | 0.90 | 0.87 | 0.85 |
| 0 | 0.90 | 0.87 | 0.81 | 0.79 |

(3) 大车修正系数。

$$f_{hv} = \frac{1}{1 + p_{hv}(E_{hv} - 1)} \tag{5.1-2}$$

式中：$p_{hv}$——大型车交通量占有率；

$E_{hv}$ ——大型车折算系数。

(4) 驾驶员条件的修正系数。

依据现有研究,一般情况下 $f_p$ 取 1.0,结合实际情况下,可在 1~0.85 范围内选择。

(5) 施工强度修正系数。

施工强度影响着道路的通行能力,一般而言,施工强度和道路通行能力折减系数成正比。在相关研究模型中,取 $f_i$ 在 0.88~0.98 范围内。

### 5.1.7 主动控制策略

1. 交通信号控制

在项目施工过程中最容易出现交通问题的就是道路交叉口,而对道路交叉口最有效的控制方法就是利用交通信号来指挥交通。

1) 交通信号控制理论

(1) 稳态理论:低饱和交通状态下的交叉口延误理论。

稳态理论认为当交通处于低饱和时,交叉口各进口道就某个周期滞留的车辆对整个研究时间段内交叉口延误时间的影响可以基本忽略,车辆到发率始终保持不变,即交叉口延误模型中不受时间变量约束。稳态理论中,交叉口车辆平均延误包括均衡相位延误和随机平均延误。

(2) 定数理论:过饱和交通状态下的交叉口延误理论。

与稳态理论认为某个周期出现的滞留车辆为随机情况相反,定数理论把过饱和状态下交叉口车辆的滞留为一种确定的情况加以处理,而不再考虑车辆的随机到达,对过饱和状态下交叉口的延误表达式进行研究。

(3) 过渡曲线函数:近饱和交通状态下的交叉口延误理论(图 5.1-8)。

稳定理论是在交叉口饱和度较小情况下对延误的估计与实际情况较为吻合,定数理论则是在交叉口饱和度远大于 1 时对延误的估计与实际情况吻合。但是,当交叉口饱和靠近于 1 时,稳态理论和定数理论都无法进行有效评估,而过渡函数曲线则能对该情况给出较好的估计。过渡函数曲线以定数理论曲线为其渐近线,并且考虑了定数理论忽略的随机延误。

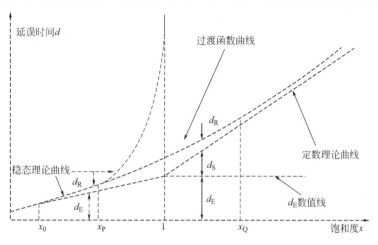

图 5.1-8 过渡函数曲线示意图

2）交通信号控制策略

首先对信号控制区域的交通状态进行判别，根据识别的交通状态确定实施的控制策略，并以相应控制策略为指导进行相应的信号方案设计，通过对不同时段不同交通状态的协调控制，从而实现各个不同饱和度下区域控制协调，最终提高区域路网交通的整体效果。

（1）未饱和区域协调控制方法。

当道路处于未饱和区域状态时，道路施工带来的交通影响不会对交通区域通行需求产生影响。此时信号调控的基本思想是尽量保证各个交叉口的通行流畅度，减少车辆停车次数、延误时间，提高驾驶员行车舒适性。此时可以利用SCATS、SCOOT等自适应信号控制系统，也可以人为动态调控。具体措施如下：

① 对道路优先级进行划分，优先保证城市主干道的优先权和完整性，确保城市主干道交通顺畅。

② 选用合适的间距，研究表明路口间距在400～600m时，信号控制效果最佳。当间距超过1000m，信号控制效果就会变差。

③ 合理划分子区域，当相邻交叉口交通流量和周期较为接近时，将其划归为同一子区域，可以提高整体方案的合理性。

④ 特殊地点特殊考虑，例如环岛等交通敏感点，应结合实际情况进行设计，充分考虑复杂因素的影响，保证方案的科学性和实用性。

（2）过饱和区域协调控制办法。

过饱和区域状态与未饱和区域状态正好相反，道路施工产生的影响完全打破了交通区域的供需平衡，SCATS、SCOOT等自适应信号控制系统就会自动降级为单点自适应系统，而单点自适应无法解决道路交叉口的联动疏散交通拥堵问题。所以，主动调控才是最根本的解决办法。下面介绍主动控制策略和方法：

① 红波绿波协调控制策略，在交通拥堵的施工路段，通过红波来实现截流目的，虽然增加了停车次数，但是并没有增加总体延误时间；而绿波则是让车辆快速通过交叉口，保证整体交通的连贯性。运用红波绿波协调控制策略，理论上可以缩短车辆排队长度，减少整体延误时间。

② "延误最小"策略，在施工道路拥堵区，实施"通而不畅"的控制方式，把区域内停车延误最小作为信号优化目标。具体方法是通过建立单个信号控制交叉口延误模型，计算出其在未饱和以及饱和交通状态下的延误时间，从而建立起整个路网延误模型，并依据延误模型完成对信号交叉口控制参数的优化。

2. 新建桥梁施工控制

跨铁路线施工项目要保证既有线路的正常运营，就需要对新建桥梁的施工采取控制措施，将影响因素控制在允许范围之内。

1）施工前控制措施

（1）充分考虑既有桥的现实因素，确定既有桥及两侧通信光缆的防护措施、施工工序、时间安排、资源配置和应急预案等，合理利用既有线天窗期，制定合理的施工方案。

（2）施工前确定既有线安稳运行所需要的专用管线，如自闭线、回流线、专用电缆等。在无明确资料时，进行人工探沟确认，并且所有因施工而附加的导线应由相关单位进行落地绝缘处理。

(3) 施工前对既有线和轨道进行加固和防护,如轨道增加轨距拉杆、防脱护轨等,通过加固和防护措施,提高既有线抵抗影响的能力,保证既有线路的正常运营。

(4) 与相关单位签订施工协议,明确责任,在设备管理人员现场配合下进行施工。对施工人员进行安全生产培训,提高安全意识,明确施工注意事项。

2) 施工过程中控制措施

(1) 钻孔施工时用钢索拉紧,以防钻机向有桥一侧倾倒,并且,钻孔过程中排出的泥浆应及时拉出,以防将地基泡软,影响既有线的稳定性。离线路近的桩基础,在钢筋笼吊放作业时,必须在批准的封锁时间内施工、24h派车站驻站电话员、现场安全员进行安全防护。

(2) 基坑开挖是桥梁施工中的关键工序,开挖时应做到先深后浅、分区段、分层开挖、支撑紧跟、测量监控到位的原则。做到开挖一层支撑一层,并且不能大面积连续开挖。

(3) 隔离措施。在桩孔或基坑四周采取型钢隔离,阻隔应力和变形的横向传播,完成埋设后,顶端需做连续梁处理,给型钢顶设置约束,否则可能会受桩周土体移动影响无法隔离土体水平位移。

(4) 施工过程中,需要配备专职安全防护员,在施工场地进行巡视,若发现既有桥墩出现裂纹、施工机械侵限等异常情况,应立即停工,查明原因,采取相应措施后才能继续施工;并且,施工机械自重荷载较大,在软土地区,会造成附近地面明显下沉,并出现机械陷入土中,因此,施工过程中,对机械所处区域应铺设一层薄钢板,不施工时,应尽量将施工机械停在距被保护对象较远区域。

## 5.2 大型 T 梁安装施工与铁路运营线路交通主动安全管控

### 5.2.1 风险源辨识

风险识别是根据确定的研究对象和研究目的研究和发现潜在的风险事态、明确分析重点的过程(阮欣)。风险因素,作为风险的三个基本要素(风险因素、风险事故、损失)之一,其作用会造成风险事故的发生,从而产生损失。对于简单工程,其风险因素常常会因为工程构成的系统的脉络直接,而能够凭借经验或者现场略微调查就能够得到。但是在大跨度事件中,除了工程本身复杂程度大大增加导致风险因素增多之外,可能存在的风险因素之间的相互作用也会让风险识别更加复杂。因此,对于这种问题,通常情况下是需要借助许多其他的办法完成风险识别,例如:场景考察、地质调查、系统分析等。

1. 识别方法的选择

1) 安全检查表法

安全检查表法(Safety Checklist Analysis)是系统安全和风险识别方法中最基础、最直观、最普及的一种方法。这种方法首先根据有关法律法规、规范标准、实践经验等信息,编制出应用于不同领域、不同专业的安全检查表格,在表格中逐项列举各种可能的风险因素,然后将表格中的风险因素和现场实际情况进行对照检查。

该方法相较于其他风险识别，能让分析人员对工程的风险有一个直观的认知，在现实中应用时也比较简便易学，对风险分析人员和管理人员的门槛要求相对不高。但是其缺点也是显而易见的，仅是简单列出风险的清单，无法表达出风险相互之间的逻辑关系。更加重要的是，如果分析人员收集整理的信息不全面，缺少代表性，那么列出的风险清单检查表就很受局限，甚至不能使用。

2）WBS-RBS法（崔钢）

工作分解结构（Work Breakdown Structure，WBS）是以可交付成果为目的，按照系统性原则，把项目范围内所有工作分解成若干组。WBS由多级层次构成，从最高级的项目整体开始，每下降一级都代表更加详细的项目工作的定义。工作包是WBS中最基本的风险识别单元，因此需要将工程项目逐层分解到工作包层次，再识别工作包内存在的风险因素。

风险分解结构（Risk Breakdown Structure，RBS）是根据风险来源，将工程项目整体风险分解为多个层级，每往下分解一级都代表寻找更详细的风险来源。美国学者David-Hiison将WBS与RBS结合起来，构建了RBM（Risk Breakdown Matrix）风险分解矩阵，利用此矩阵可以进行风险识别。

WBS-RBS风险识别方法的基本原理是：首先建立科学合理的WBS与RBS，然后考察WBS中所有的工作包，分析每个工作包内存在哪些RBS所定义的风险因素。

3）故障树法

故障树分析法（Fault Tree Analysis），是有向的逻辑树形结构，它能描述事故因果关系。FTA不仅能找到事故表面原因，还能深入挖掘事故潜在原因。在项目实施前期，经常会使用FTA对项目的安全性和风险因素进行识别。

4）德尔菲法

德尔菲法（DelphiMethod），20世纪中叶由国际著名的咨询企业兰德公司提出以后，被普及应用到工程管理领域。该方法具备主观性和定性分析的特点，在预测风险时具备突出优势，此外还适用于构建评估指标体系。专家采用匿名形式发表自己的意见，每个专家不能看到别的专家的意见，每个专家意见都汇总到调查者手中，调查者对专家意见向专家反复征询意见，最终所有参与问询专家的意见基本一致时的意见为最终调查意见结果。

德尔菲法具有简单、易操作的优点，在实践中应用范围较广。使用德尔菲法，一是可以避免会议决策时下级附和上级、固执己见，或者不愿反驳其他人的意见建议；二是能够更快收集和统一专家意见，参会专家也能够更容易接受一致意见建议，有效提高决策的科学性。但使用德尔菲法时，需要多次征询专家，才能形成大致统一的意见，并且需要专家对调查项目全面了解，才能有效开展征询活动，故一般需要花费较长的开展时间。另外，德尔菲法作为一种定性、主观的研究方法，得出结果常常受到调研组织人员以及参与人员的影响，部分结果可能存在一定的主观片面性，其结果产生偏差的可能性很大。

5）鱼骨图法（因果分析法）

因果分析图法是典型的从事故后果反推事故原因的分析方法，得出的因果关系图形似鱼骨，为此也常被叫做鱼骨图法。一般情况下，鱼骨图法识别风险有以下四步：

第一步，确定需要进行分析的工程风险事件，画出鱼骨图主干，将该事件标示在鱼骨头部位置；第二步，针对该风险事件，按照对应影响因素对风险因素进行分类，即使用从人、机、物、方法、环境五个方面着手识别,按其分类在鱼骨图上标识;第三步,根据工程具体情况,对主干上的项目分别展开得到中支,推算事故原因;最后一步,继续对问题细化,得到该风险事件风险识别的鱼骨图。

因果分析图法是一种使用图解的方式,对工程风险事件进行识别的方式,该方法具有很强的逻辑性,而且又比较直观,便于人们理解。但是该方法识别得出的结果还是过于笼统,不够具体,缺乏针对性。如果分析人员对风险事件分析得不透彻、不全面,那将大大降低因果分析图法的效果。

6) FTA-RBS 法

FTA-RBS 法即故障树-风险分解结构法,其根据 RBS 将风险逐级向下分解和故障树"由上而下"从顶事件演绎的实质,将风险层层细化。FTA-RBS 法是一种系统化的风险识别方法,由工程风险总体出发,逐步向下挖掘,进行风险识别,具有较强的逻辑性,其摆脱了主观因素的困扰,客观挖掘,细致管理,将复杂工程简单化,脉络清晰,更具层次性。FTA-RBS 法识别示意图见图 5.2-1。

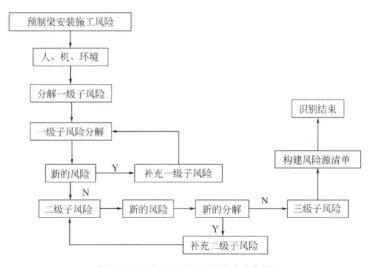

图 5.2-1 FTA-RBS 法识别示意图

上述几种风险识别方法大致可以划分为定性、定量和定性定量相结合三种。三种类型的识别方法都各有优缺点。在针对具体项目选择识别方法时,应当根据项目的客观因素(例如:具体情况、特点等)进行综合考量,选定适用的识别方法,进行客观且高效的风险识别。

沿途跨铁路上方预制梁运输与安装工程作为一个大跨度的桥梁工程,具有与社会面交叉范围大、安全管理涉及面广、施工要求严格、作业时间段特殊、人为不确定性强、市政设施隐蔽性高、自然作用后果严重等施工特点,其复杂程度很高,安全管理工作繁琐且艰难。如果针对整个工程进行全面的风险源分析,难免会加入大量的工程风险相关度低、影响小的风险源进去,且这些风险源几乎可以归纳为同一个风险源。以表 5.2-1 为例,我们不难发现,在这个运输作业的风险清单中,前 9 个风险源都可以归结于管理规范这一风险源,如若在其他施工阶段的风险源清单,都只是将管理规范进行细分的话,其风险识别在某种程度上失去了客观性，这样既加重了风险识别的工作量，又不利于后期风险控制措施研究的进行。

某工程运输作业风险清单　　　　　表 5.2-1

| 序号 | 施工阶段 | 因素 |
|---|---|---|
| 1 | 运输作业 | 无专项施工方案或存在缺陷或未按照方案实施 |
| 2 | | 运输车辆运行时，作业人员站立位置不当 |
| 3 | | 运输设备未进行定期检查和维护 |
| 4 | | 运输作业存在超载、偏载或超速行驶 |
| 5 | | 夜间运输作业时，运输车辆的安全警示标志存在不足 |
| 6 | | 运输作业，预制构件捆绑不牢 |
| 7 | | 无交通组织方案或未按方案执行 |
| 8 | | 运输作业，作业人员疲劳上岗、酒后上岗 |
| 9 | | 运输作业，操作人员无证上岗或未经交底作业 |
| 10 | | 运输路线路面不平或承载力不足 |

预制梁拼装技术是目前桥梁施工领域，尤其是城市高架桥建设中一种新的施工技术。针对该施工技术及其应用到城市高架项目中安全管理的研究较少，对于沿途跨铁路上方预制梁运输与安装项目的研究就更少了。因此，本文在探索沿途跨铁路上方预制梁运输与安装安全管理风险识别方法时，也是尽量选取方法科学、客观有效的风险识别方法。根据以上阐述，选用 FTA-RBS 法进行沿途跨铁路上方预制梁运输与安装风险识别研究中的风险辨识，系统、客观地识别施工过程中的风险因素。

本文中所进行的风险控制研究主要针对的是预制梁的运输安装过程，因而，对于预制梁安装过程前期施工阶段不予以考虑，例如：地层的承载力，默认是安全的；桥墩的质量，默认是合格的；安装阶段之前的设计，默认是规范的。

2. 识别流程

基于 FTA-RBS 法对沿途跨铁路上方预制梁运输与安装过程进行风险识别主要根据以下几个步骤：

1) 场地自然灾害信息收集

自然条件对于预制梁安装的影响大，一旦发生风险事件，往往会造成巨大的损失，且容易引发二次风险事件。在进行施工之前进行场地自然灾害信息的收集显得十分重要。需要收集的信息主要是当地遭受地质灾害、气象灾害的情况，包含了地震、海啸、洪水、台风、火山爆发等。这里对信息收集的要求就一个：客观真实，存在即收集。

2) 施工人为环境信息整合

在这里的施工人文环境包含以下部分：社会环境、项目信息和法规政策要求。其中，社会环境包括了场地交通状况、人口密集程度、学校医院分布位置等与人口相关因素；项目信息则是施工前期的工程可行性研究报告、勘察资料、设计图纸、施工组织设计以及相关的技术规范规程等一系列工程信息；法规政策要求即国家或当地政府对于预制梁安装的规范、管理条例等。

3）进行识别

使用 FTA-RBS 法进行识别。

4）分类归纳形成风险清单

整理识别出的相关风险因素,结合项目的实际情况,进行归纳和分类,筛选相关性高的风险因素,同时剔除相关性小的风险因素,确保风险识别的全面性。充分考虑项目建设的要求和项目建设的特点,识别并详细记录发现的安全风险,整理汇总完成城市高架预制拼装施工安全风险识别清单。识别步骤流程图见图 5.2-2。

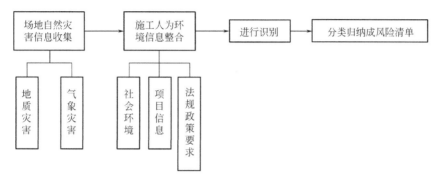

图 5.2-2 识别步骤流程图

针对沿途跨铁路上方预制梁运输与安装的施工特殊性,这里采用 FTA-RBS 法进行风险识别,该方法具有很强的逻辑性、系统性、科学性、客观性,能够全面地识别出对工程具有实际影响作用的风险因素。施工风险源识别与分级表见表 5.2-2。

施工风险源识别与分级表　　表 5.2-2

| 一级风险因素 | 二级风险因素 | 三级风险因素 |
|---|---|---|
| 内部施工风险 | 参建人员 | 工程专业能力 |
| | | 身心健康 |
| | | 责任意识 |
| | 机械设备 | 使用状况 |
| | | 维护状况 |
| | 工程状况 | 原材料质量 |
| | | 经济成本 |
| | | 施工进度影响 |
| | 管理条例 | 方案制定 |
| | | 执行力度 |
| | | 政府规范条例变化 |
| | 自然环境 | 地震 |
| | | 海啸 |
| | | 洪涝 |
| | | 台风 |

续表

| 一级风险因素 | 二级风险因素 | 三级风险因素 |
|---|---|---|
| 外部社会风险 | 市政交通 | 公路行车安全 |
| | | 铁路通行安全 |
| | | 市政设施安全 |
| | | 运输路线环境安全 |
| | | 路桥承重安全 |
| | 人员伤害 | 起吊意外事故 |
| | | 运输设备驾驶人员安全 |
| | | 人员误入 |
| | | 安全警戒程度 |
| | 工程污染 | 灰尘污染 |
| | | 噪声污染 |

3．识别原则

1）客观性原则

风险识别是风险研究的第一步，更是风险研究的基础，风险识别的有效性直接影响整个风险研究的有效程度，在风险识别过程中一定要以客观存在的态度进行分析，不能让人为不确定性出现在风险识别中。

2）科学性原则

可以进行风险识别的方法有很多，比如常规的德尔菲法、检查表法、故障树法、鱼骨图法（因果分析图法）等，根据每种方法的特点，合理选择方法将其应用在风险识别过程中，并且需要确保选择工作的科学性。

3）系统性原则

风险识别工作需要对预制梁安装过程中影响安全的风险因素进行系统性的、综合性的全面分析。通过多种方法将施工风险予以拆分、细化，通过对风险的层层分解，得到工程的风险清单。

## 5.2.2 技术理论基础

轨迹交叉理论是由约翰逊、斯奇巴等诸多学者共同提出的一种从事故的直接和间接原因出发，研究事故致因的理论。该理论认为在事故发展过程中，人的因素与物的因素运动轨迹的交点就是事故发生的时间和空间。该理论强调人的因素和物的因素在事故发生中占有同等重要的地位（图 5.2-3），并且可以通过避免人的不安全行为和物的不安全状态同时发生来预防事故的发生。

进行大型 T 梁运输安装施工与铁路运营线路交通主动安全管控技术研究旨在防范化解预制梁在运输安装过程中与下方运营铁路之间可能会发生的风险事件。通过轨迹交叉理论，从大型 T 梁运输安装施工与铁路运营线路这个工程场景出发，针对会出现的事故，进行事故原因分析，随后基于事故原因开始主动安全管控技术的研究。主动安全管控技术研究流程图见图 5.2-4。

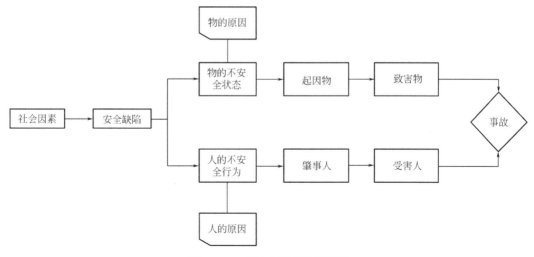

图 5.2-3　轨迹交叉理论模型图

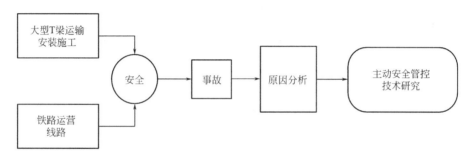

图 5.2-4　主动安全管控技术研究流程图

## 5.2.3　技术研究原则

针对大型 T 梁运输安装施工与铁路运营线路场景下的主动安全控制技术，其对于事故风险的可接受准则就可以看作技术研究的准则。这里场景是归属于一个工程的，对于安全控制技术的应用是有成本要求的，对于一些成本满足不了要求的安全技术，就需要让安全技术适度地接受风险，在可接受风险的范围内进行技术研究。Fischhoff 等（1981）表示"有关可接受风险的问题实际上是决策问题。他们需要在不同的选项中做出选择。这个取决于价值、信念和其他因素。因此，没有一个单一的、通用的数字可以表示一个社会可以接受的风险……"

英国健康与安全执行委员会提出了建立人员可接受风险准则的三个"单纯"原则，分别为：平等、效益和技术。

1. 平等原则

平等原则基于的假设是：每个人都应该有伤亡最低保护。这不代表每个人都是被"平等"对待的，但在实际生活中，这意味着没有人应该暴露于一定的风险之中。要使用平等原则，则要建立个人的最大风险级别，这个级别是我们的接受准则。这表示，如果风险值高于最大值，必须不计成本地采取措施来降低风险，平等原则主要关注的是个人。

### 2. 效益原则

效益原则是从另一个角度来看待可接受的风险。它的假设是：只有有限的社会资源可以用来降低风险，尽管资源的多少取决于承担风险所带来的利益。而正是因为我们资源有限，效益原则指的是要用这些有限的资源实现利益最大化，也就是要最大程度地降低风险。这种方法带来的影响是，即使某些个人或群体被暴露在高风险下，效益原则始终坚持将优先权给某些低风险的人，因为要降低这些人的风险成本更为低廉。效益原则主要关注的是可用资源的最大化利用。

### 3. 技术原则

以上两个原则从两个不同的角度来直接强调风险，而技术原则并非直接地强调风险问题。这个原则的假设是：我们周围充斥着社会已接受的技术。这意味着，这些技术的风险已被接受无需评估。按照这个原则，只要我们使用的是社会已接受的技术，那么风险水平就应该是可接受的。在很多方面，通过标准和指南来管理风险其实就是在暗中使用技术原则。有时，我们会使用术语"最佳可用技术"（best available technology）。我们再一次看到了技术原则与其他两种原则的不同。技术原则并没有保证所有人员都处于一定的风险之下，因为各种技术的安全性存在很大的差异。技术原则也没有确保我们能够从使用的资源中得到最大的效益，因为各个行业技术的开发和相关的成本也存在着巨大的差异。

## 5.2.4 交通安全主动管控技术

大型T梁运输安装施工与铁路运营线路交通主动安全管控技术研究目的是针对上跨铁路运营线路进行的预制梁运输安装工程可能出现的风险事故，根据轨迹交叉理论，提前进行安全处理，即主动管控。因而，提出的T梁运输安装施工与铁路运营线路交通主动安全管控技术研究都是针对某一具体风险事故，这里结合表5.2-3进行主动管控。

交通安全主动管控措施    表5.2-3

| 一级风险 | 二级风险 | 三级风险 | 管控措施 |
|---|---|---|---|
| 内部风险 | 参建人员 | 工程专业能力 | 针对施工人员,根据工程操作类别,进行专业常识考核,结合工作人员实际情况客观进行,制定相应规则,且按时培训学习 |
| | | 身心健康 | 管理人员多与下属谈心,根据工程的操作类别,对施工人员的身心健康有相应的要求,不符合要求的应对岗位进行调整 |
| | | 责任意识 | 对施工人员进行责任意识大的培训,要求施工人员严格按照工程规定施工,以网格形式进行管理 |
| | 机械设备 | 使用状况 | 对于重型机械的使用,要严格按照使用手册的要求,并且尽量做到负荷状况记录,做好工作时长记录 |
| | | 维护状况 | 根据使用手册要求对机械设备进行维护,如果设备长时间处于满负荷运行状态,则应该增加维护次数,并且记录在册 |

续表

| 一级风险 | 二级风险 | 三级风险 | 管控措施 |
| --- | --- | --- | --- |
| 内部风险 | 工程状况 | 原材料质量 | 原材料质量属于工程质量最基础的部分,需要严格把关,根据工程项目设计要求,实事求是,对每批新进原材料进行抽检,记录在册 |
| | | 经济成本 | 根据设计使用要求、年限进行成本控制,质量要求重要程度应略优于经济成本 |
| | | 施工进度影响 | 按照项目规划进度稳步推进,当外界不可抗力因素导致施工进度暂缓后,也应在质量控制允许的范围内加快工期 |
| | 管理条例 | 方案制定 | 具体施工方案,严格按照国家以及当地相关规范要求进行制定 |
| | | 执行力度 | 执行力度主体是施工方案以及工程场地管理措施,对象是施工人员,管理人员负责严格执行 |
| | | 政府规范条例变化 | 密切关注政府相关条例的变化,明确发生的变化对工程造成的影响,提前把控 |
| | 自然环境 | 地震 | 设计方案以及施工方案的制定,结合地震带工程场地分布状况,根据国家相关防震、抗震政策进行;若处于地震带,需提出地震应急预案 |
| | | 海啸 | 结合工程场地海啸灾害信息,根据发生频率以及灾害后果,制定相应的应急预案 |
| | | 洪涝 | 结合工程场地洪涝灾害信息,根据发生频率以及灾害后果,遇到雨期实时监控降雨状况,并且制定相应的应急预案 |
| | | 台风 | 结合工程场地台风灾害信息,根据发生频率以及灾害后果,在历史台风多发期及时监控台风状况,并且制定相应的应急预案 |
| 外部风险 | 市政交通 | 公路行车安全 | 明确风险场景,对于会影响行车安全的施工区域,采取分时间段施工或者交通临时管制的方式,在保障安全的同时,尽可能小地影响交通运营 |
| | | 铁路通行安全 | 对于铁路线路的职责需要了解,视铁路职责、车次频率进行施工避让或者列车临时停车 |
| | | 市政设施安全 | 明确在预制梁运输、安装过程中,市政设施安全会受到影响的场景,对风险场景进行分析,制定场景专用防控措施并实施 |
| | | 运输路线环境安全 | 将环境安全性因素考虑进运输路径规划中 |
| | | 路桥承重安全 | 将该因素考虑进运输路径规划中去 |
| | 人员伤害 | 起吊意外事故 | 设备工作之前进行可靠性检测,设备进行起吊作业时,进行作业场合无关人员清离 |
| | | 运输设备驾驶人员安全 | 对驾驶人员进行安全意识教育;要求规范作息,并对车辆安装驾驶疲劳监测传感器 |

续表

| 一级风险 | 二级风险 | 三级风险 | 管控措施 |
|---|---|---|---|
| 外部风险 | 人员伤害 | 人员误入 | 工程场地周围立警戒牌、拉警戒线、建工程围栏，并在一些醒目位置张贴纸张提醒 |
| | | 安全警戒程度 | 针对安全警戒措施，实时记录，并且佐以图片为证据验证 |
| | 工程污染 | 灰尘污染 | 根据工程状况实时进行降低灰尘措施 |
| | | 噪声污染 | 根据工程状况以及周围居民密集程度，选择适当的施工时间段 |

## 5.3 研究应用

结合工程实际情况，达卡市机场高架快速路项目的预制梁场位置选择十分符合工程状况，为预制梁运输节省了时间成本，降低了风险程度。针对其运输设备的信息化安全控制研究，拟采用 SaaS 模式，构建信息管理平台，通过特定传感器将所需的运输设备状态数据进行信息化处理，经由无线通信网络传输至服务器。

基于安全因素考虑，所需的运输设备状态数据（表 5.3-1）：车辆行驶状态、行驶路线状态、驾驶人员状态、预制梁固定状态。

交通安全主动管控措施　　　　　　　　　　　　　　　　表 5.3-1

| 运输设备状态 | 具体需求描述 |
|---|---|
| 车辆行驶状态 | 基于运输工程的状况并不复杂，车辆行驶状态判定以车辆是否处于行驶状态为基准；同时在驾驶室增加一个由驾驶人员主动判断车辆驾驶状态的选项，如若车辆状况出现异常，驾驶人员可通过该选项主动传输车辆行驶状态数据 |
| 行驶路线状态 | 行驶路线状态主要通过 GPS 监测系统进行，目的是实时监控车辆行驶路线偏离性，预防车辆突发偏离路线事件 |
| 驾驶人员状态 | 该状态主要以疲劳状态为主，通过驾驶疲劳监测传感器实现 |
| 预制梁固定状态 | 通过位移传感器实现数据采集，当位移偏高时，需采取一定的安全措施 |

达卡市机场高架快速路项目信息化安全控制，通过 GPS 车辆监控系统实现。其车载终端相对于日常使用的车载终端因需要集成多个传感器，所以复杂程度会更高。车载终端需集成模块为：GPS 定位模块功能、车辆行驶判定模块、驾驶疲劳监测模块和位移监测模块。

前面提出针对城市预制梁运输的路径规划问题以安全约束、技术约束为前提，进行可通行道路筛选。得到可通行道路之后，进行网点化，以时间成本为优化目标，通过动态规划和 Floyd 算法求出最优路径。

在孟加拉国达卡市机场高架快速路项目中，由于该工程预制梁场设置在道路线上，对于上述运输路径规划理论涉及程度不高。

## 5.4 本章小结

本章针对交通组织与主动安全控制策略问题,围绕交通条件、交通分析管理理论、交通组织设计目的及设计原则、交通组织方案、大型 T 梁安装施工与铁路运营线路交通主动安全管控、交通安全主动管控技术等展开论述。

# 第六章 安全管理系统设计与构建

## 6.1 总体架构

### 6.1.1 系统模块

铁路线上方预制梁施工安全管理系统包括监测模块、数据采集与传输模块、数据层模块、模型层模块、应用层模块和操作管理层模块 6 个模块。并经过系统各个层次的集成技

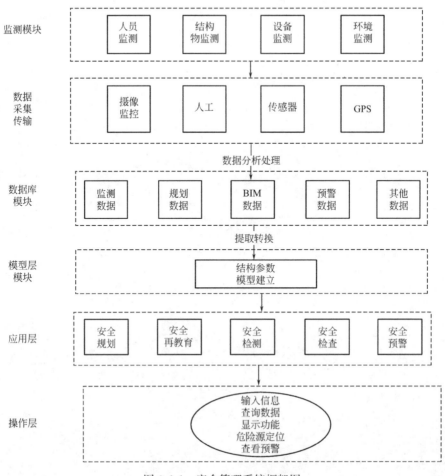

图 6.1-1 安全管理系统框架图

术将各模块集成统一协调的整体，具体系统框架见图 6.1-1。

## 6.1.2 各模块概述

监测模块显示着对工程的监测内容，监测内容包括工程内的人员监测、结构监测、机械和现有设备监测和环境监测。

数据采集与传输模块由数据采集设备、数据传输设备与数据采集传输的相关软件构成，数据采集方式有摄像监控采集、现场人工采集、GPS 定位以及传感器，采集后的信息可通过有线和无线两种方式进行传输。

数据库模块对上一层所采集的数据进行集成、加工与处理，处理后的数据可根据需要存入安全监测数据、BIM 数据、预安全规划数据、安全预警数据和其他数据，并形成完整的数据库。

模型层模块是建立结构参数和模拟模型的模块，在该模块内输入施工建筑规模、预制梁高度、预制梁的布置和风力大小等参数，并与前期构建的三维静态模型进行整合，依据预设的施工影响程度和发生概率情况利用软件计算模型，对桥梁工程施工进度演变过程进行动态模拟，并对施工环境进行加入，建立一套完整的具有安全数据依靠的施工动态模型。

应用层模块按照功能需求划分为安全规划、安全检测、安全检查、安全预警和安全再教育 5 个模块。各模块之间通过安全管理平台进行信息相互交流与作用，使其相互关联，构建成一套完整的闭合安全管理回路，形成一套完整的施工现场信息安全管理体系。

操作层主要是对系统的具体应用，包括输入个人信息、查询相关数据、显示功能面板、对现场危险源定位、查看施工现场布置情况、查看危险预警提醒、施工现场模拟演示等一系列功能。

## 6.1.3 模型集成过程

模型层是该安全管理系统的重点模块，是实现安全预测和规划功能的基础。其运作流程见图 6.1-2。首先在模块内输入结构信息、材料信息、设备信息等参数信息。结构信息包括预制梁结构形式、受力状况模型、荷载强度等，材料信息包括关键材料和构件所处空间位置、材料构件的几何尺寸以及属性等，设备信息包括机械设备的位置、机械的大小规格以及设备类型。这些信息可以在数据库中查找提取，也可以临时计算测量。之后可以通过这些数据构建静态和动态施工模型，从而进行模拟演示。管理人员可以从手机或者电脑端观看模拟演示视频，进行可视化模拟管理，对有安全风险的过程进行完善，最后确定最终施工方案。

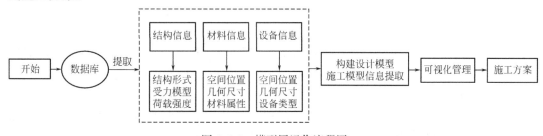

图 6.1-2 模型层运作流程图

## 6.2 数据融合

### 6.2.1 数据采集与传输

1. 数据采集

数据采集方式包括通过监控监测、GPS 定位系统、传感器接收等场外智慧感知设备进行数据的监测采集，此外还可以通过相应的数据通信接口进行人工采集与传输数据信息，并将信息数据储存到数据库中。采集的数据主要包括实时监测数据、人员记录数据、建筑物信息数据等。实时监测数据主要包括对现场工人或机械的定位和工作时长等，人员记录数据主要包括对在职人员的身份记录信息以及劳务人员的不安全行为记录等，建筑物信息数据主要包括梁式桥搭建高度、承重强度等。对于采集的数据，系统应设置具有较智能的诊断和识别功能，对于明显异常的数据信息能够自动地进行分辨并标注，具有灵活的智能特性，与此同时还要有人工的异常数据排查与校核。各种设备的采集能够保证在恶劣的天气条件下正常进行，故采集设备要安置在相对安全的区域，且具有防雷电和抗干扰功能。

2. 数据传输

数据传输分为有线传输和无线传输两种方式类别。根据工地现场的实际状况，采取因地制宜的原则进行合理的规划与设计，优先使用施工现场的通信设备并且充分利用空余场地。有线数据传输需要在施工现场布置线路。综合线路的布置应基于现场情况、数据采集设备安装的地点范围和实际数据的传输距离来进行设计。施工中现场施工数据信息的实时传送方式应优先考虑采用无线的传输技术方式，因为采用无线的传送方式不需再设置更大量的传输线路，节省了场地费用以及操作人员的工作时间。与有线的传送方式相比，无线传输更为准确快速、更为灵活方便、更为安全。无线信号传输设备要求在施工的现场必须配置一个专门的无线信号发射接收装置。而且在周围有较强的电磁场环境存在的特殊情况下，为了有效地进行数据传输，则需要安置电磁屏蔽设备。为了保证在数据传输时数据的完整性和可靠性，数据传输系统中应设计数据自动备份机制，以免传输线路故障时造成数据的丢失。可以设置双卡槽或者双盘备份的数据存储设备以满足数据备份的需要，其容量可根据系统每天接收的数据量选取。

对于交通不便、施工困难的深山峡谷等区域的工程，物理线路布置比较困难且难以维护，所以应当选用无线传输方式；当无线传输条件不满足的情况下时，如现场电磁过强或无法有效屏蔽，则考虑有线传输方式。

### 6.2.2 数据库的建立

1. 数据管理

可通过在线监测、人工巡查和系统自动识别数据这三种方法来对系统中的数据库信息进行分类储存。使系统平台数据可以实现在用户权限下的操作环境中进行快速准确显示、流畅稳定运行、生成完整报表数据等功能。数据的存储应优先考虑选择以数据库形式进行保存，并尽可能将各种图像视频、文本信息资料等电子文档资料直接保存在系统数据库当中。影像资料可以直接选用文件的形式保存，之后将文件概要信息连同文件名一起存储到数据库中，用户人员可以直接在数据库中搜索查询该文件名，当在数据库中对该文件名搜索时，系统会列出命名中含有该搜索名关键词的所有文件，根据搜索词占文件名的比例从高到低依次排列列出，也可以根据分类一一寻找。对于监测数据和监测视频，应设置对应的视频播放软件，在数据库中搜索到后，应能按指定时间段进行观看查询。另外还要设置相应的办公系统，对于一些文字信息和数据导出后达到自动变为办公系统易于处理的通用文档格式。

设置数据库的管理功能需要特别注意考虑以下几个因素：系统要可以同时对多个海量的数据资源实现统一有效的管理；数据在异常的情况条件下系统要同时具备相应级别的数据容错处理功能、自我的异常调整功能以及异常数据修复功能；系统要支持云端部署、具有远程配置以及远程操作的功能；系统中对于收集反馈到的相关的监测数据、传感信息以及其他采集和传输设备的信息，如设备安装位置、品牌和规格等应能够自动存储；系统应能通过人工管理界面（如对界面进行添加、修改、删除监测项目）进行系统数据的修改。

2. 数据分析

数据库中的数据根据系统的自动识别进行智能分类，之后再进行人工检查和分类。可分为安全监测数据、安全规划数据、BIM 数据、安全预警数据和其他数据五个类别。这五类数据均存储于数据库中，又在其中有着各自的模块，数据查询时可以根据数据文件名在数据库中进行搜索，也可以根据其类别在相应数据类别中进行寻找。下面对各类数据的划分和内容以及各数据的作用进行详细说明。

安全监测数据中存储的数据主要是监控摄像、人工巡查等监测设备采集的最直观的数据，包括结构物监测数据、环境监测数据、人机属性数据和状态数据。结构物监测数据不仅仅是预制梁的信息数据，还包含了对整个施工过程的监测信息。越来越多的国家工程项目中已经将环境监测列为安全防护的重点，我国目前也对施工环境越来越重视。因此预制梁施工安全管理系统需要对施工现场的环境进行监测，确保工人的舒适度。监测内容包括对风力等级的监测、温度湿度监测、空气质量监测等数据。通过传感器或者人工输入将现场的环境状态反映到监测平台，更新到数据库中。桥梁施工过程中常常有大型的机械设备进场，扰动邻边的建筑物及土体，使其松动、坠落甚至出现坍塌从而引发安全事故。因此，在施工过程中，不仅要对预制梁本身的施工范围进行监测，还要对其周边的机械和人员状态进行监测，并将监测数据反馈到信息平台数据库中。另外人员属性数据还包含了人员不安全行为记录的数据，该数据也存储于安全监测数据当中。

BIM 数据是为了更好的安全管理，可以选择在施工前建立 BIM 三维静态模型对关键点进行深化设计，之后检验设计差错和风险。可以通过对模拟的预制梁反复碰撞来检测其安全性和稳定性，从各个方位对其碰撞冲击，将易发生危险的位置处进行加强和优化并再次碰撞检测，直至结构的稳定性达到标准要求。将三维静态模拟的数据（包括中间修改的数据）记录在数据库中，形成 BIM 数据。这样就可以依据 BIM 数据在施工前就将三维静态模拟实验中产生的或可能产生的危险有害因素消除，降低实际施工中的安全隐患。

安全规划数据主要包括预制梁施工工程危险源清单、BIM 施工模拟数据。管理者要对工程范围内的危险源进行人工识别，危险源识别的主要目的是建立危险源数据库，也是进行预制梁施工安全管理的第一步。危险源清单数据主要来源有建筑安全检查表、预制梁施工规范、安全管理规范和风险评估报告等，以降低安全事故的发生概率。安全事故包括已发生的事故和未遂事故，对于未遂事故我们无法确定其危险源，因此必须预先对其危险性进行分析，确定其发生安全隐患的概率并且确定未遂事故中的潜在危险源，生成并更新到危险源数据库中。

安全预警数据是指在桥梁工程施工现场安全管理中，可通过运用GPS定位技术对现场施工的技术人员、材料、机械进行定位，并结合摄像监控实现对现场的监控，以及人工现场巡查记录来记录相关信息，并实时传入系统数据库当中。

通过这些监控可以确定人员、机械及材料的属性信息、位置信息、时间信息，见图6.2-1，做到系统平台与现场同步，可以实时地确认现场施工人员的状态、机械运转情况和材料的消耗情况。同时通过传感器不仅可以采集静态信息，也可以采集位移、倾斜度、震动频率这些动态的信息，然后现场将采集的施工人员、施工材料、机械和环境这些信息通过无线数据传递到系统工作平台。采集的这些有关安全预判的信息存储于数据库，归类为安全预警数据。可以通过安全预警数据对比建筑构件安全规则，判断现场施工人员、机械是否处于安全工作区域，若处于危险状态，系统会发出警告，并将危险数据进行记录，从而建立事故预防方案。管理人员可以根据系统给出的信息进行管理，实现现场透明、实时的安全管理方式。另外安全预警数据中存储的数据可以与数据库中其他类别的数据重复，但并不妨碍。将其他类别的一些数据在此存储于安全预警数据当中是为了方便在安全预警模块中进行数据的分析从而进行安全预警。

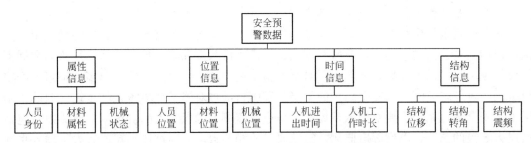

图6.2-1　安全预警结构图

3. 数据共享

系统应具备数据共享的能力，且具有安全隐私防护的功能，可设置相应的防火墙系统。另外数据共享应采取分级权限管理，不同等级和权限所能打开的信息不尽相同，越高的权限的管理人员所能掌握的内部数据越多，这样能够有效地保护企业的重要数据，防止外泄。使系统在数据安全保密、权限受控的前提下实现数据共享。系统与行业监管部门系统、单位其他业务管理系统等外部系统拥有共享数据的接口，系统可根据业务协同需求设计数据共享接口。数据共享传输时，应采用加密传输方式以防数据泄漏。

## 6.3　功能实现

### 6.3.1　监测方式

对施工现场人员、机械、结构物和环境的监测方式主要有摄像记录、人工巡查、GPS追踪定位和传感器的传感分析。这些监测手段可以相互配合使用，能够极大地提高工地的检查效率，并且能够达到可视化、信息化管理的目标。

摄像记录：在施工现场安置监控设备，争取达到全面覆盖的效果，在施工现场每一处都能够实现可视化管理。特别是在业务人员集中区域、工程危险区域、重要作业区域以及机械工作和行驶区域安置较多监控来实现各个方位的观察，能够有效地降低安全事故的发生。

人工巡查：安排专业的工作人员如监理等，对现场的各个角落进行危险排查，危险的区域进行及时的汇报和安全防护。对现有铁路及周边、高空预制梁安置区域进行重点观察，可能出现安全隐患的情况和不安全作业行为进行及时阻止并汇报和记录。对于已完成的项目进行检查，如质量不过关则令其修改或者重新完成，直至质量过关，将安全隐患降至最低。

GPS定位：可以选择在业务人员的随身手机上设置相关定位软件进行定位，针对不允许携带电子设备的作业中，则可在其安全帽等统一发放的施工服饰上加入定位设备（如芯片）进行定位。根据工人所在的位置，对有可能存在安全隐患的（如列车即将经过时在铁轨附近，大型机械即将经过时在机械路途附近等）位置进行通知撤离和防护。

传感器信息采集：传感器是一种监测周边环境物理变化的装置。温度湿度传感器可以检测到施工现场的温度和湿度的变化，可依此调整相应的项目作业，避免湿度过高拖延项目进度。力觉传感器可以测算施加在传感器上面的力度，可以依此判断一定的荷载状况并作出及时的信息记录和调整。扬尘传感器可以获取现场实时的空气污染状况信息。图像传感器可以检测施工现场人员机械的位置状况，功能与GPS系统类似。同时还可以用人工巡检传感器的方式对安装在轨道、建筑上的设备进行检查与维护。

此外，其他监测还有风速风向测速仪、环境检测仪等仪器监测方式。风速风向检测仪可以采集风向和风速的信息，以此判断该天气下施工的危险程度。环境检测仪可以采集现场空气污染状况，以判断工程的污染是否超过政府规定的指标，便于及时做出调整和改善。

监测设备要安排专业人员做好定期的检查和修理工作，对于一些老化的设备要及时进行更换，正在修理的设备要及时用备用设备进行更换，保证监测信息的完整收取和储存。另外，还要安排专业的人员进行管理平台的实时人工监测和数据规划储存，对安全管理平台进行管控，人员充足的情况下可以安排人员在管理平台上进行24小时的轮班监测，保证施工现场数据的完整性和安全性。

## 6.3.2 人员监测内容

监测模块的人员监测内容和数据包括人员信息状况、劳务人员身体和心理健康状况、从业人员的考勤状况和考核结果、劳务人员的定位信息、劳务人员安全防护用具佩戴情况和劳务人员工作时长这7个项目，系统将这些项目的监测数据进行整合并传入下面模块进行处理和分析。下面通过对人员监测模块各个项目的划分，对这些项目功能进行说明。

人员信息收集：该项目的主要目的是对工程项目从业人员的个人信息进行实名制录入、储存和管理，做到对整个项目的工作人员信息都有备份，可随时查询到该人员的身份，能够对现场工作人员身份进行核实，并且能够排查出外来人员。还可以进行人员考勤监测工作，可以在安全方便的位置处设置人脸识别打卡设备，从业人员上下班时都要在该设备上进行打卡考勤，并对打卡的时间进行记录储存，对迟到早退以及未打卡或者打卡不足的从业人员，系统会进行记录并且上报通知给相关管理人员，智能打卡考勤的方式方便了管理人员的考勤工作、节省了管理者的工作时间。

劳务人员健康状况监测：可以通过摄像检测的方式来观察工作人员的现场状况并实时记录，如有发现神情或工作有异常情况（如厌烦、急躁、垂头丧气）时，及时通知相关人员与该劳务人员现场联系，确认是否有不适状况，如有不适应给予相应的休息时间以及心理辅导和帮助。同时将体检结果记录在系统数据库中，对于身体不适的员工应给予一定的休息时间和调整。图 6.3-1 为人员监测结构图。

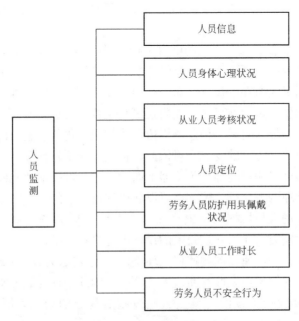

图 6.3-1　人员监测结构图

从业人员培训考核结果：劳务人员入职后根据不同专业和职务安排灵活的培训方案。培训结束后安排线上考试，并在考试过程中监控记录防止出现作弊现象。将考试后的结果进行记录并保存，专业安全知识不过关的人员继续给予培训和考核，针对多次考试不过关的人员系统记录在不安全风险人员名单中并提醒领导人员重点关注其工作状况，降低安全事故的发生。

人员定位：可通过摄像监控技术或者 GPS 定位技术来记录人员的定位，根据人员的定位来判断是否有安全隐患。大风天下在高处施工会极大地增加安全事故发生的概率；定位在重型机械工作附近或者即将行驶路途中也会有可能造成机械对人员的安全危害；定位在未处理挖土的坑基内时存在被挖土掩埋的风险；在列车即将穿过定位停留在原有铁路上，极大概率会发生交通事故。通过对工作人员的定位可以有效预判安全隐患是否发生，并提前做出防患。同时根据人员定位可以监测是否在该施工作业内有外来人员入侵的情况，并作出提醒，降低安全隐患。而且通过对劳务人员的定位也可以判断其工作情况，比如根据劳务人员的工作量可以大致确定其工作时长，可以依此来确定是否有偷懒摸鱼的可能性。

劳务人员防护用具佩戴情况：通过监控摄像的方式并配以人工现场巡查，监测没有佩戴安全帽等防护用具的不安全行为，并将有不安全行为的劳务人员记录在系统不安全风险人员名单中，系统会对这些人做出重点观察和提醒。多次出现在该名单中的人员给予劝退等处理。

从业人员工作时长记录：通过摄像监控以及现场人工巡查的方式实时确认并采集劳务人员的工作时长，并将每日工作时长加工处理好记录于系统数据库当中。对于连续工作时间过长的人员应当根据工作量给予一定的休息时间，避免因过度疲劳导致身体不适发生昏厥等意外状况，否则不但危及劳务人员的身体健康，而且会对其他工作人员造成心理压力，影响施工进度。

劳务人员不安全行为：通过摄像监控、人工巡查以及GPS定位来监测劳务人员的不安全行为。对于一些危险作业区域进行及时监测，并确认劳务人员在此作业是否有安全风险；对一些有安全隐患的施工场所，比如较狭隘的高空作业，要监测劳务人员是否佩戴了安全帽、安全绳索等防护措施；对于一些严禁作业的区域，要及时监测和排查是否有劳务人员在此作业或活动的不安全行为等，对于存在不安全行为、违反工地要求的劳务人员系统将记录在不安全风险人员名单中，同时通知相关人员给予警告。

## 6.3.3 建筑物监测内容

建筑物的安全是工地安全管理中重中之重的一项，稍有疏忽就会造成巨大损失，甚至前期整个工作都功亏一篑，乃至发生人员伤亡的情况。因此对结构物各项指标的监测是十分有必要的。建筑物监测对象包括主体结构、临时结构和其他既有结构，见图6.3-2。对这些结构的高度、荷载和位置等数据进行监测，再经过系统的分析和整合，可以对一些安全隐患做出预防。

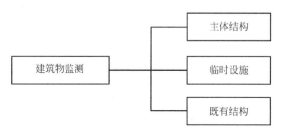

图6.3-2 建筑监测结构图

主体结构监测对象主要包括预制梁以及桥梁的桥墩桥台等，结构物监测内容主要包括结构承受荷载和结构响应。结构承受荷载监测内容主要包括风荷载、雪荷载、地震作用、温度荷载和结构自重等，可通过力觉传感器或者人工计算的方式获得结构承受荷载数据，并在系统内进行数据整合和存储，对于超过一定所设阈值的数据，系统做出相应的警报和提醒。结构响应监测内容主要包括结构振动频率、位移大小、变形情况、结构转角和关键构件的应力应变、钢构件的疲劳监测、关键部位的裂缝检测等，这些数据较易获取的如裂缝情况，可以通过人工检查的方式查询，不容易看出的可以通过迈达斯、乔博士等有限元软件进行专业的分析并储存于安全管理系统的数据库当中，对于有安全隐患的情况进行及时的调整与修改。

临时结构监测对象主要有搭建的临时宿舍、办公室、材料库等临时厂房，临时的铁路专用线，临时安全通道和安全防护围栏以及临时水电管网等设备。需要监测的数据有临时结构的位置，通过数据判断该结构的搭建位置是否合理，如是否妨碍机械和人员的正常通过、安置位置是否浪费场地、是否搭建在工程危险区域等情况，对于不合理的搭建位置应作出相应的调整。对于临时铁路线需要监测该线路是否规划合理，如列车是否能够安全顺利地通过、是否会对劳务人员施工造成影响等情况。对于临时通道需要监测该通道路线是否规划的合理，如发生危险时从业人员能否最快并且安全地离开施工现场、安全通道是否因为太过狭小而产生拥堵、安全通道是否会妨碍正常的施工作业等情况。

既有结构监测对象主要是既有铁路线以及周边已有建筑和设备。监测内容有既有铁路线和现有建筑是否会受到施工的影响而被破坏的可能性，以及列车是否能够正常行驶等数据。如施工作业区域和重型机械工作区域与现有结构距离很近的情况下，就容易出现有结构或铁路被破坏的情况。

### 6.3.4 机械设备监测内容

机械设备伤害是桥梁工程施工的主要伤害之一，特别是大型设备或特种设备，如起重机、架桥机、运输机等，一旦发生事故，不仅机械设备和施工项目遭到破坏、人身健康与安全受到威胁，而且会对企业今后的声誉造成极其大的影响。因此，机械设施安全监测也是预制梁施工项目安全管理的一个重要部分。为落实机械设施的安全管理工作，要从机械的采购安装、现场使用、维修保养一直到报废的生命全过程进行管理。现对机械设备管理模块进行详细划分，见图6.3-3。

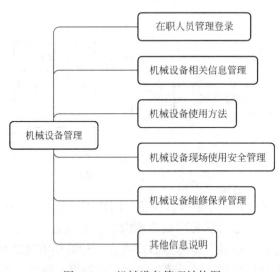

图 6.3-3 机械设备管理结构图

上述模块划分中可以看到在机械设备管理中主要包括了在职人员管理登录、机械设备相关信息管理、机械设备使用方法登记、机械设备现场使用安全管理、机械设备维修保养和其他信息六个子模块。下面对这六个子模块进行解释说明。

机械设备在职人员管理模块：该子模块首先要对人员实名制登录信息验证，其次需要对机械设备操作管理人员的相关证书进行验证，验别机械使用人员是否具有相应的资格证书，然后对机械设备作业人员进行培训以及线上考核，并将考核结果与资质等级记录于安全管理系统的数据库当中，最后考核通过者允许上岗就业。另外每次机械使用之前均需要通过人脸识别系统来确定机械使用人员的身份，在系统内有记录的人员才开放使用权限进行机械操作，见图 6.3-4。严防实名登记以外的其他人员使用机械，以免非专业人员或者资质不合格的人员使用机械导致意外事故发生。

图 6.3-4　大型机械作业图

机械设备相关信息管理模块：该子模块主要是对机械设备的生产厂家、出厂日期、型号等进行登记管理。对这些内容进行登记管理可以有效地辨别机械是否属于合格产品，是否适用于某些工程。另外倘若机械发生意外故障，可以有方便的途径寻找厂家沟通。

机械设备安拆告知与使用登记：该子模块主要功能是对机械设施设备的安装拆卸、使用方法进行详尽的登记，并保存记录。可以依据使用说明进行正确操作，此外还可判别机械使用人员操作是否不当。

机械设备现场使用安全管理：该模块包括对机械使用人员、机械使用时间、机械所在位置以及机械行驶路径四个方面进行安全管理和监测，见图 6.3-5。机械使用人员方面监测首先通过人脸识别系统进行使用人员核实之后，中途再安排相关的负责人员进行人工核对，确保机械使用人员是具有资质的且在系统登记的专业人员使用，杜绝不必要的安全事故发生。机械所在位置所需要监测的内容有机械的定位，可以通过 GPS 定位系统或者监控监测来确定机械的位置是否妥当合理，如是否妨碍其他项目作业的正常进行、是否能够有效地使用机械完成工作。此外还要监测机械工作周边是否有明确的警戒范围，以免其他劳务人员误入机械工作区域造成意外的伤亡情况。机械使用时长也能够通过监控实时监测记录，通过机械使用时间来判断机械驾驶人员是否可能产生工作疲劳的可能性，对于连续使用时间过长的机械系统将会做出提醒，相关管理人员可根据系统管理平台的提醒与机械使用人员取得联系，根据具体情况做出相应调整，如给予适当休息时间或者为了不延误工期选择多人轮流工作的方式。机械行驶的通道也是一项重要的监测内容，通过监控监测的方式采集机械行驶路径信息，可以判断机械通道规划是否安全合理，如是否妨碍其他施工作业的正常进行、行驶时周边是否有安全隐患的风险、是否过度占用工地现场的空间等。

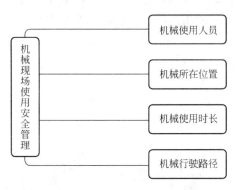

图 6.3-5　机械现场使用安全管理结构图

机械设备维修与保养：该子模块主要功能是对机械设备的检查、维修、保养以及设备报废进行信息登记管理，安排专业人员对机械进行定期的安全检查并及时报备，降低使用时产生的安全风险。对检查不过关的机械联系维修人员进行维修保养，并对人员进行实名登记，倘若因机械故障发生安全事故则可以找到相关人员承担责任。

其他信息：该子模块的主要功能是对机械设备管理过程中可能出现的事件进行管理。

### 6.3.5　环境监测内容

项目工程能否安全顺利进行和现场环境也有很大关系。施工环境监测内容主要有气象环境、场地环境和水文地质环境，见图 6.3-6。

天气环境直接决定施工工程是否能安全进行，恶劣的天气状况下，如大风、大雪、暴雨天气环境下施工，就会极大程度上增加安全事故的概率，并且在阴冷潮湿的天气下也会影响混凝土的成形，从而导致延误工期的状况。所

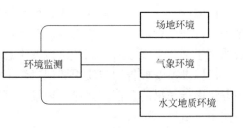

图 6.3-6　环境监测结构图

以对天气环境的监测是十分有必要的。天气状况可以根据天气预报检查提前导入系统，系统做出每天的天气报告。同时也可以通过风向风速测速仪来采集风速信息，确定当天是否进行作业。

在施工的同时现场往往会产生扬尘、噪声等污染状况，不仅影响现场工作人员的身心健康，而且对城市环境和居民正常生活产生影响，所以施工现场环境状况也是政府监督的重点对象。通过环境检测仪或者 CW-76S 工地扬尘传感器可以进行现场环境监测，获得现场实时环境污染状况，并传入系统数据库当中保存。项目管理人员能够通过系统管理平台查询施工现场的环境（如 PM10、PM2.5、噪声等）情况，当超过额定值则进行图像或视频取证。水文地质状况影响着施工的地基工程，可通过专业团队进行勘察现场的水文地质状况，根据实际状况做出相应的地下工程实施方案。

## 6.4 主动管控平台

### 6.4.1 项目进度监控

根据项目建设的全生命周期阶段，项目可分为六个阶段：现状评估、总体规划、详细控制规划、方案规划、施工监理和竣工验收。收集建设项目信息的数据源包括项目审批数据、BIM 信息模型、在建施工现场动态施工信息、竣工审批等。项目实施前和竣工验收后，现场监控平台提供项目建设规划、审批方案、竣工日期等详细内容。之前在施工实施阶段，收集施工现场的设备、建筑构件和主体结构高度信息，将大数据技术与 BIM 信息模型的施工模拟相结合，分析类似项目的施工经验、施工周期等数据，将施工现场实际施工情况数据分析与城市在建施工现场情况报告的实际数据相结合进行汇总，并将施工现场的"正常"施工进度显示为"前""后"等信息。以城市规划、城市管理、建筑、路桥、园林、地质等领域的数据为基础，整合在建项目的地址测量、自然地理、市政交通、建设规划、建设、运营管理等各种数据，对比分析在建各工程工序的预计施工时间与实际施工进度的差异，结合承包商提供的施工进度信息和施工进度延误的原因，对市政控制全线进行调整；为城市规划开发灵活的链接和反馈机制。

### 6.4.2 施工安全监管

在施工现场入口处，对人脸识别设备、人员 RFID 识别设备、信息输入设备、语音信息发送设备和现场大门的使用情况、部署人员的安全用品穿戴情况进行对比分析。根据面部识别、施工人员所属子项目的安全要求和人工智能分析数据，紧急注意到进入施工现场的员工和佩戴完整安全设备的员工会自动释放。否则，它们将不会被释放，并且将执行第一个安全步骤。在施工过程中，在现场数据采集和视频分析的基础上，对未携带安全防护用品的施工现场进行正确标识和记录，并在监控平台上查看、记忆和存储。监理部门可根据平台上显示的相关信息，对施工现场负责人进行管理、请示和处罚。为满足施工安全监控的要求，施工单位配合监理单位完成施工人员信息的收集和上报，上报员工信息，包括姓名、性别、户籍、证件和类型、证件代码、工种和地点、出入时间、《劳动合同》等关于员工安全培训登记的信息和报告，包括预备培训、工程交底、培训时间、培训单位等信息。通过收集员工建设性行为和安全教育的新信息，预防和控制非法操作、非法命令和其他行为，确保落实现场建筑安全的首要责任。

### 6.4.3 施工设备使用监控

为了实现施工现场监控的系统化、规范化和准确性，施工现场数字远程监控平台具有监控施工机械使用的功能。数据采集来自施工机械中的安全监控装置、高度传感器、速度传感器、重量传感器、倾角传感器等信息采集模块，可实现对施工机械司机的识别、对设备运行状态的实时监控等功能，杜绝未经授权和非法操作，履行施工机械的定期维护、保养等职能。例如，以塔式起重机设备为例，平台可以实现司机信息采集、检查等功能，并将门锁连接到塔式起重机设备的入口，实现操作员的监控和管理。通过检测高度、速度等传感器，将其与塔式起重机系统的额定功率进行比较分析。如果设备的工作量超过额定功率，现场设备将以声、光、电的形式进行报警，并传输到远程监控平台。如果塔式起重机设备有危险的运行趋势，如过载、碰撞等风险，塔式起重机电路的电源会自动切断，危险日志信息会发送到监控平台，作为监控部门的监控基地。

鉴于建筑升降机中人员和材料的混合使用，电梯中的视频监控设备可以收集状态信息，并使用神经网络算法识别电梯中的建筑材料或人员信息。如果发现建筑材料专用电梯内有人员，现场会发出声光报警，并记录受伤时间、受伤人员和施工现场的信息，这包括在负责人的监测和评估范围内。实现现场安全管理的标准化。

## 6.5 软件实现

### 6.5.1 应用层模块

应用层模块是对系统上面模块的数据分析和模型分析之后的结果反映和进一步的完善，该模块包括安全规划、安全再教育、安全检测和安全预警4个部分。

安全规划部分是指在结构模拟分析之后对整个工程的规划方案，如对危险源的管控方案、对从业人员的安全保护方案、对施工进度的计划安排以及大型机械的工作时间安排等。将施工计划登记在安全规划区域能够让劳务人员更为清晰地了解到工作状态并使施工更为顺利有序地进行。

安全再教育部分是对那些有着不安全行为以及记录在不安全人员名单库的从业人员进行更为深度的安全教育并进行考核，针对有过不安全记录的人员的考核要加大难度、严格把关，坚决降低因从业人员的专业安全知识不过关而产生的安全事故风险。

安全检测和安全预警是两个相辅相成、相互关联的部分，安全检测是系统通过监控等方式识别出人员密集区域或者大型机械工作区域等易产生安全隐患的区域，提醒管理人员对这些危险区域定期进行安全检测并将检测结果进行记录，除此之外还包括对天气环境的检测。系统根据检测结果的数据进行智能分析或者专业人员的人工分析，对于有危险的情况发出相应的安全警报，安全警报可根据危险程度的不同发出不同类型，如轻微风险无需即刻解决的可通过用户端发送预警消息提醒，每10min发出一条，直至管理人员点击确认收到选项。十分危险急需解决的可以发出安全警报声音提醒。人工预警即可通过专门的监测人员根据危险程度自主判断发出预警。自动警报可以将所收集的环境监测数据、施工监测数据、人机定位的数据以及数据库中相关数据与预设的预警值进行比对，当监测数据超过预警值的时候系统通过管理平台发出提醒消息，当监测数据严重超过预警值的时候将发出警报。对于具体各方面预警分析如下：

对天气方面的预警：管理人员可以先通过天气预报获取未来天气可能出现的情况，天气预报出现大雪、强风等恶劣天气状况时，系统提前发出预警消息。对于施工现场实时的天气状况的获取可以通过风速风向测试仪测得风力大小，见图6.5-1，并同步将测得的数据传输到安全管理平台数据库当中。应当注意的是，风速风向测试仪不可放于施工现场地面处，而是要放置在施工现场较高位置处，确保采集的风力数据是施工现场结构能被影响到的最大的一个数据值。安全管理人员可依据风力等级表，见表6.5-1，按照不同风力对结构物的影响程度制定不同的预警阈值，当风速风向测试仪测得的风力大小达到不同数值时，系统会发出不同程度大小的警报。

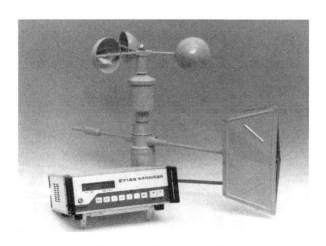

图 6.5-1　风速风向测试仪

风力等级表　　　　　　　　　　　　　　　　　　　表 6.5-1

| 风级和符号 | 名称 | 风速(m/s) | 陆地现象 | 浪高(m) |
|---|---|---|---|---|
| 0 | 无风 | 0.0~0.2 | 烟直上 | 0.0 |
| 1 | 软风 | 0.3~1.5 | 烟示风向 | 0.1 |
| 2 | 轻风 | 1.6~3.3 | 感觉有风 | 0.2 |
| 3 | 微风 | 3.4~5.4 | 旌旗展开 | 0.6 |
| 4 | 和风 | 5.5~7.9 | 吹起尘土 | 1.0 |
| 5 | 劲风 | 8.0~10.7 | 小树摇晃 | 2.0 |
| 6 | 强风 | 10.8~13.8 | 电线有声 | 3.0 |
| 7 | 疾风 | 13.9~17.1 | 步行困难 | 4.0 |
| 8 | 大风 | 17.2~20.7 | 折毁树枝 | 5.5 |
| 9 | 烈风 | 20.8~24.4 | 小损房屋 | 7.0 |
| 10 | 狂风 | 24.5~28.4 | 拔起树木 | 9.0 |
| 11 | 暴风 | 28.5~32.6 | 损毁普遍 | 11.5 |
| 12 | 飓风 | ≥32.7 | 摧毁巨大 | 14.0 |

对从业人员不安全行为的预警：管理人员可以在施工作业区域落实安全防护用具识别技术，见图 6.5-2，安全防护用具识别监测设备的连接直通管理平台，在监测设备的监测范围内规划出安全区域和危险区域（如靠近大型机械作业的区域、在较高建筑物边缘区域、安全防护未落实到位的区域等），监控设备可以自动识别是否有作业人员靠近危险区域，当有人员接近危险区域时，系统会做出提醒和警报。管理人员还可以在作业区域和人员密集区域设置监测识别设备，这种设备可以识别劳务人员是否佩戴安全帽等安全防护用具，对于没有佩戴安全防护用具的人员设备会当场做出语音提醒，同时报备给管理人员，方便管理人员之后进行检查，并保存监测视频和截图记录。针对多次未佩戴安全防护设备的从业人员，管理人员可根据情况拉入不安全人员名单中，对其做进一步的安全意识培训。同时针对这个特殊时期，有着新冠疫情的影响，管理人员还要做好定期的核酸检测任

务，对检测结果进行保存和记录，如果出现阳性则及时联系相关医疗单位，并对密切接触人员做好排查及时上报，便于相关医疗人员进行隔离管控。另外还可以在一些施工现场人员聚集地的出入口安置人体体温识别设备，见图 6.5-3，对体温偏高的人员做出警报和人脸截图，以便进一步的核查，防患未然。

图 6.5-2　安全防护用具智能识别技术

图 6.5-3　体温检测门

对铁路线上列车到来驶过的预警：安全管理系统数据库与铁路线上的列车实时行驶位置数据相通，该铁路线上的铁路行驶位置均可直接传输到安全管理平台，安全管理平台可以根据列车的位置分析到达施工现场的时间，也可以根据列车到各点的时间表来判断到达施工地点的时间，在列车即将经过施工现场的前 1h、30min、10min、3min 的时候，分别给予语音播报提醒，管理人员可以根据列车即将到来的时间和相关工程作业量来安排规划有碍列车行驶的作业以及作业后现场的清理工作。

对安全管理系统总控制平台的预警：安全管理系统应设置一个总控制平台，该控制平台可更改和输入所有数据，该平台需要专业的管理人员进行管理，每次登录和更改数据时均要输入密码进行身份验证，当身份验证多次有误时，系统将向高级管理人员发送信息警报，防止数据被盗取，确保数据的安全性和准确性。

## 6.5.2 操作层模块

管理人员可以从手机端、电脑端登录身份信息进入管理平台，管理平台初始界面即为人员、结构、机械、环境和总数据库五个模块，每个模块均可进入查看详细信息，见图 6.5-4。

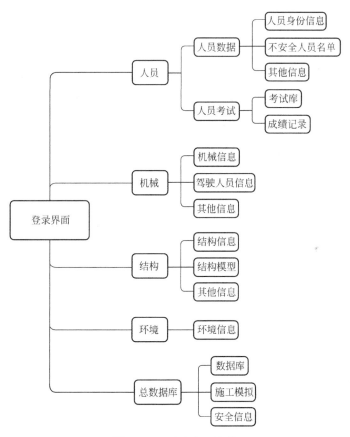

图 6.5-4 登录窗口流程

人员窗口内包括从业人员的信息数据和人员考核两部分，人员信息数据包括人员身份信息、不安全人员名单和其他信息三个查询窗口，人员考试窗口内包括考试库和成绩记录，考试库内劳务人员可以进行平时的题目训练，也可以进行统一的随机试题考试。成绩记录可以查询考核人员的历史成绩。

机械窗口内包括机械数据和驾驶人员数据以及其他机械数据三部分，每部分打开均可查询具体信息。

结构窗口包括结构数据和结构模型以及其他结构信息，结构数据内可查询结构物现阶段状态以及之前的结构施工数据，结构模型可查看结构的参数以及做出的模拟桥梁的模型。

环境窗口即可查看环境和天气信息。

总数据库窗口包括数据库、施工模拟和安全信息。数据库内是人员、结构、机械、环境数据的总和，项目的相关数据均可在此查看，还可以查看实时监控等信息。施工模拟窗口可查看整个项目包括结构、环境、人员、机械在内的动态施工模拟。安全信息内可查看易发生安全事故的区域以及相关的安全建议和提醒。

通过这个安全管理平台可以实时掌握项目的工程进度和动态，对整个施工进行远程管理，极大地提高了管理人员的效率、节约了传统线下管理的时间成本和人力。同时项目内的劳务人员也可以登录管理平台，每个人都能够了解到项目的进度概况，有利于工程的顺利有序进行。

## 6.6　本章小结

本章针对骑行铁路线施工安全管理系统设计与构建问题，系统模块、模型集成过程等介绍系统总体架构；从数据采集与传输、数据传输、数据库的建立等论述数据融合；从监测方式、人员监测、建筑物监测、机械设备监测、环境监测等论述功能实现；从施工安全、施工设备等介绍主动管控平台。

# 参考文献

[1] 徐向斌. 复杂大跨铁路桥梁施工技术及其质量安全管理研究 [J]. 工程技术研究, 2019, 4 (4): 148-149. DOI: 10.19537/j.cnki.2096-2789.2019.04.071.

[2] 吴柱. 某跨铁路营业线桥梁施工项目安全风险管理研究 [D]. 北京: 北京交通大学, 2018.

[3] 王曼. 公路工程跨铁路桥梁施工技术 [J]. 黑龙江交通科技, 2016, 39 (8): 121+123. DOI: 10.16402/j.cnki.issn1008-3383.2016.08.077.

[4] 陈伟, P.C. 连续梁桥施工监控及关键施工技术研究 [D]. 南昌: 南昌大学, 2013.

[5] 全二伟. 浅谈先张法预制梁施工技术 [J]. 内蒙古科技与经济, 2013 (7): 78-79.

[6] 张勃, 罗鸿刚, 刘志长. 浅谈公路桥预制梁先张法施工工艺 [J]. 山西建筑, 2011, 37 (20): 176-177.

[7] 包雪巍, 王才. 后张法预制梁台座设计方法研究 [J]. 公路, 2017, 62 (8): 134-137.

[8] 唐海波. 浅谈公路工程后张法预制梁场规划与建设 [J]. 建材与装饰, 2018, (50): 229-230.

[9] 黄生长. 桥梁工程后张法预应力预制梁板施工质量控制分析 [J]. 四川建材, 2020, 46 (9): 172-173.

[10] 王晓武. 先张法台座设计及施工技术探析 [J]. 技术与市场, 2011, 18 (2): 36-37.

[11] 吴广盛. 京沪高铁蕰藻浜桥跨既有铁路施工安全风险管理研究 [D]. 西南交通大学, 2013.

[12] 黄轩. 曲线连续梁桥施工监控技术研究 [D]. 兰州交通大学, 2017.

[13] 刘萌. 上跨高速铁路立交桥施工风险评估研究 [D]. 北京: 北京交通大学, 2020. DOI: 10.26944/d.cnki.gbfju.2020.000399.

[14] 黄春龙. JN城市高架桥项目施工风险管理研究 [D]. 山东科技大学, 2019. DOI: 10.27275/d.cnki.gsdku.2019.001547.

[15] 傅波涛. 城市道路高架桥施工项目安全风险评价研究 [D]. 西南交通大学, 2020. DOI: 10.27414/d.cnki.gxnju.2020.002722.

[16] 向绿林. 预制梁板运输与架设安全评估理论及应用研究 [D]. 中南林业科技大学, 2015.

[17] 李聚蕾. 城市高架预制拼装施工安全风险管理研究 [D]. 北京: 中国矿业大学, 2021. DOI: 10.27623/d.cnki.gzkyu.2021.001472.

[18] 李鑫. 信息化建设与交通运输管理的思考 [J]. 智能城市, 2020, 6 (17): 71-72. DOI: 10.19301/j.cnki.zncs.2020.17.033.

[19] 曲冬, 杜光远. 青岛市交通运输系统信息化建设与发展 [J]. 中国交通信息化, 2020 (9): 106-107+115. DOI: 10.13439/j.cnki.itsc.2020.09.008.

[20] 张娜. 基于SaaS模式的运输物流信息化平台研究与实现 [D]. 武汉理工大学, 2013.

[21] 边超, 贺虎, 易广军. 云计算SaaS模式在安全监测平台建设中的应用探索 [J]. 中国水能及电气化, 2022 (5): 53-58. DOI: 10.16617/j.cnki.11-5543/TK.2022.05.11.

[22] 沈良峰, 李启明. 层次分析法 (AHP) 在建筑工程项目评标中的应用 [J]. 施工技术, 2005 (2): 64-66.

[23] 乔国会等. 大件货物公路运输线路选择方法研究 [J]. 物流技术, 2010.29 (7): 55-57.

[24] Fischhoff B., Lichtenstein S., Keeney R.L. Acceptable Risk [M]. Cambridge: Caambridge Uni-

versity Press，1981.
[25] 马静. 城市轨道建设期间地面交通组织管理技术方法研究［D］. 长安大学，2014.
[26] 徐阳. 地铁占道施工区交通影响与交通组织研究—以西安地铁青龙寺站为例［D］. 长安大学，2021.
[27] 耿传飞. 新建桥梁施工对邻近既有客运专线桥梁影响研究［D］. 北京：北京交通大学，2015.
[28] 马晓彤. 高速铁路桥梁施工HSE评价模型研究［D］. 兰州交通大学，2015.
[29] 韩跃杰. 高速公路改扩建作业区交通组织及安全保障技术研究［D］. 长安大学，2012.
[30] 胡空. 高速公路改扩建设计阶段交通组织方案评价研究［D］. 武汉理工大学，2013.
[31] 肖殿良，宋浩然，王立强，等. 公路工程施工安全监测与预警系统技术要求［J］. 中华人民共和国交通运输部，2020.
[32] 张美琪. 基于BIM技术的深基坑施工安全系统及其应用研究［D］. 沈阳：沈阳建筑大学，2019.
[33] 骆成勇. 浅议市政道路施工中的软基加固技术［D］. 建筑工程技术与设计，2019.
[34] 李宏男，李爱群，滕军，等. 结构健康监测系统设计标准［J］. 中国工程建设标准化协会，2012.
[35] 周浩宇. 基于数字化平台的公路工程建设期安全管理系统研究［D］. 乌鲁木齐：新疆农业大学，2021.
[36] 李宁，刘晶，曹阳. 基于多源大数据的高速公路智慧主动管控平台建设［J］. 江苏沿江高速公路有限公司，2022.
[37] 王子昊. 公路满布式支架安全预测技术及管理系统研究［D］. 重庆：重庆交通大学，2021.
[38] 智健. 建筑工程智慧工地安全管理系统研究［D］. 北京：北京交通大学，2021.